ALTDEUTSCHE TEXTBIBLIOTHEK

Begründet von Hermann Paul
Fortgeführt von Georg Baesecke
Herausgegeben von Hugo Kuhn

Nr. 66

Die Dichtungen der Frau Ava

Herausgegeben von

Friedrich Maurer

MAX NIEMEYER VERLAG TÜBINGEN 1966

Satz H. Laupp jr, Buchdruckerei, Tübingen

SIEGFRIED GUTENBRUNNER

zum 26. Mai 1966

INHALT

VORWORT

Die Gedichte der Frau Ava sind in der großen Vorauer Sammelhandschrift, d.h. also aus der 2. Hälfte des 12. Jahrhunderts (V.), und in einer zweiten Handschrift auf uns gekommen, die, aus dem 14. Jahrhundert stammend, einst der Bibliothek der Oberlausitzischen Gesellschaft der Wissenschaften in Görlitz angehörte, heute aber verschollen und trotz vielfacher Bemühung nicht mehr aufzufinden ist (G.)[1]). Bekannt gemacht wurden zuerst Teile dieser jüngeren Handschrift, aus der G. J. A. Will zwischen 1763 und 65 den „Johannes" sowie das „Leben Jesu" bis zu vs. 1462 (meine Strophe 136) wiedergab[2]). H. Hoffmann druckte dann in seinen „Fundgruben"[3]) die Handschrift vollständig ab. Erst 1849 trat auch die ältere Handschrift an die Öffentlichkeit mit J. Diemers „Deutschen Gedichten"[4]). Schließlich hat Piper eine Gesamtedition auf Grund beider Handschriften in der Weise gestaltet[5]), daß er überall, wo V. vorliegt, diese Handschrift wiedergibt, ihre Lücken aber nach G. ergänzt. Keine der beiden Handschriften bietet nämlich das gesamte Werk der Ava: in V. fehlt der „Johannes", ferner ein Blatt im „Leben Jesu"; in G. fehlen die Schlußverse des „Jüngsten Gerichts". Eine neue Ausgabe hatte R. Kienast 1937 „noch in diesem Jahr vorlegen zu können" gehofft[6]); seine „Avastudien"[7]) sind der weitaus gewichtigste Beitrag, den die Ava-Forschung bisher erbracht hat. Auf den ersten Seiten dieser

---

1) Ich danke auch an dieser Stelle Th. Frings sowie den Herren Direktor Dr. W. Gebhardt, Prof. Dr. O. Neuendorff und Dr. R. Grosse für freundliche Hilfe bei der Suche.

2) Beschreibung eines alten dt. evang. Codex in Altdorf (1763ff.).

3) Fundgr. für Gesch. dt. Sprache und Lit. I (1830) 127–204; hier auch weitere Nachrichten. Vgl. ferner K. Helm, Untersuchungen über Heinrich Heslers Evangelium Nicodemi. Beitr. 24 (1899) 90ff.

4) Dt. Gedichte des 11. und 12. Jhs. (1849) 229–292.

5) Die Gedichte der Ava. ZfdPh. 19 (1887) 129–196, 275–318.

6) Avastudien I. II. ZfdA. 74 (1937) 1ff.

7) a.a.O. 1–36, 277–308 und Avastudien III. ZfdA. 77 (1940) 85–104.

„Studien" ist über die bisherige Forschung berichtet, von Wilhelm Grimms[8]) Ausführungen in seiner Akademie-Abhandlung über W. Scherers[9]) Arbeiten hin bis zu Adolf Langguth[10]) und H. de Boor[11]), mit dem er sich besonders kritisch auseinandersetzt. Dieser früheren Forschung ging es im letzten um den Nachweis der mangelnden Einheit der unter dem Namen der Ava überlieferten Dichtungen. Von Grimms ganz knapper, dazu einseitig und flüchtig begründeter Aufspaltung („Jüngstes Gericht" und „Antichrist" gehören der Ava; „Johannes" und „Leben Jesu" gehören ihr nicht) über Scherers noch weitergehende Aufteilung der Dichtung an vier Autoren bis zu Langguths Versuch, beide Thesen zu widerlegen und die Einheit zu erweisen; schließlich zu de Boors Nachweis von zwei Stilarten, die aber nicht gesondert werden können, vielmehr so ineinander verflochten sind, daß eine Gemeinschaftsarbeit von Mutter und Sohn sich als Lösung anbietet: alle diese früheren Versuche lehnt Kienast kritisch ab. Er kommt selber in der Sache zu Langguths Ergebnis, das er aber erst tiefer begründet, nämlich aus der inneren Form des Werkes heraus.

Kienast hat vor allem auch das Handschriften-Verhältnis des näheren bestimmt. Er faßt sein Ergebnis in zwei entscheidenden Feststellungen zusammen: 1. „Beide Handschriften gehören einer bereits interpolierten und z. T. verderbten Bearbeitung des ursprünglichen Textes an"; und 2. „Beide Handschriften sind nicht aus derselben Vorlage abgeschrieben". Für die Gültigkeit des ersten Satzes vermag ich zwar die beiden Hauptbelege von Kienast nicht anzuerkennen; doch sind unter den weiteren gemeinsamen Fehlern der Handschriften ganz schlagende Beweise, und zwar sind das besonders die Verse „Leben Jesu" vs. 139. 341/2. 379. 746. 992. 1057. 1099. 1111/2. 1124. 1321. 1563. 1686. 1829. 1971 und „Jüngstes Gericht" vs. 122. An all diesen Stellen scheinen mir Kienasts z. T. glänzende Besserungen der Überlieferung beider Handschriften überzeugend. Was den zweiten Satz betrifft („Beide Handschriften sind nicht aus derselben Vorlage abgeschrieben"), so er-

---

[8]) Jetzt am bequemsten zugänglich: W. Grimm, Kleinere Schriften. Hg. von Gustav Hinrichs. Bd. 4 (1887) 165ff.

[9]) bes. „Geistl. Poeten der dt. Kaiserzeit" 2. H. (1875) (= Q. F. 7) 64ff.

[10]) Untersuchungen über die Gedichte der Ava. Diss. phil. Leipzig (1880).

[11]) Frühmhd. Studien (1926) 151ff.

weist die Nachprüfung, daß Kienast das Richtige getroffen hat. Schon die eine Stelle „Antichrist“ vs. 115/6 ist dafür eindeutiger Beweis. Für die Herstellung eines kritischen Textes ergibt sich die Konsequenz, daß auch die jüngere Handschrift G. ihren selbständigen Wert hat; daß sie das Alte erhalten haben kann, so sehr und so kräftig sie vielfach die Überlieferung verändert hat. Es ist außer Zweifel, daß sie das tut, und zwar tut sie es vielfach aus einer ganz bestimmten Tendenz heraus. Dem Schreiber dieser späten Handschrift war die alte Form zu fern; längst ist das neue Ideal der *rehten rîme,* der fortlaufenden Reimpaare in geregelterem Rhythmus und mit „reinerem“ Reim die dem Schreiber gewohnte und selbstverständliche Form. So hat er an vielen Stellen die alten Langzeilen ungeregelterer Art umgebaut; meist dann durch eingeschaltete Behelfsreime erweitert. In den Teilen, die in V. und G. vor uns liegen, ist das gut zu beobachten. Es ist auch kein Zweifel, daß das in den nur in G. erhaltenen Stücken genauso ist, also besonders im „Johannes“. Hier hat Kienast bereits mehrfach zur alten Form zurückzufinden sich bemüht; ich habe es an weiteren Stellen versucht. Gleichwohl ist der „Johannes“ noch nicht in seiner alten Form hergestellt; es ist eher möglich, Stellen zu bezeichnen, an denen G. offenbar geändert hat, als den ursprünglichen Wortlaut mit Sicherheit wiederzugewinnen.

Die Begründung für die strophische Form der Dichtungen habe ich in meiner großen Ausgabe gegeben[12]; ich kann sie hier nicht wiederholen, hoffe aber, daß der vorgelegte Text für sich spricht. Auch der Langzeilencharakter ist überdeutlich und braucht nicht noch im einzelnen analysiert zu werden. Fast überall liegen die Satzschlüsse am Zeilen- (d.h. Langzeilen-)Ende. Da die Ava kurze Sätze und vor allem die Parataxe liebt, ergeben sich weit überwiegend Aussagen in Langzeilen oder Langzeilenpaaren.

Was Reime und Rhythmus betrifft, so habe ich auch da den in V. überlieferten Text konservativ behandelt. Das sagt nicht, daß ich nicht in unmittelbar einleuchtenden Fällen der Handschrift G. gefolgt bin oder auch gebessert habe; aber ich habe darauf verzichtet, „reine Reime“ z.B. dadurch herzustellen, daß ich *werden*

[12]) Vgl. Die religiösen Dichtungen des 11. und 12. Jhs. nach ihren Formen besprochen und herausgegeben von F. Maurer. Bd. I (1964) 27ff.; Bd. II (1965) 377ff.

(*:man*) regelmäßig in *werdan* verändert habe. Hier denke ich mit Wesle[13]), daß es sehr zweifelhaft ist, ob *werdan* noch „sprachlebendig“ oder „noch da“ war. Ich habe daher auch darauf verzichtet, alle Versuche Bayers[14]) zur Herstellung „reiner“ Reime zu verzeichnen. Ebenso habe ich mich zurückgehalten, die Folgerungen aus Henschels Ausführungen über etwaige mittelfränkische Bindungen zu ziehen[15]). Nur eine vollständige Reimuntersuchung, die weit über die Werke der Ava hinausgreifen muß, kann die schwierigen Fragen klären, wieweit die Ava landschaftlichen Formen (und welchen?), wieweit sie tradierten Reimformeln und veralteten literarischen Reimen, wieweit sie Augenreimen usw. Raum gibt. Auch in der Gewinnung glatterer Rhythmen war ich eher zurückhaltend. Daß G. gerade im Blick auf „reinen“ Reim und auf geregeltere Füllung der Verse ständig geändert hat, darf man nicht vergessen. Die schwierige Aufgabe ist, zwischen den Veränderungen, die aus dieser Tendenz von G. kommen, und den Lässigkeiten von V. die richtigen Entscheidungen zu fällen. Immerhin habe ich mir erlaubt, in einer größeren Zahl von Fällen, den graphischen Ausgleich im Reim herzustellen.

Größere Eingriffe sind im Reim an folgenden Stellen vorgenommen worden: „Leben Jesu“ 32, 1; 35, 4; 67, 2; 69, 3; 71, 5; 75, 5; 88, 4; 102, 4; 104, 2; 107, 3; 166,1; 168, 7; 176, 3; 194, 1; „Jüngstes Gericht“ 3, 1.

Bei der Ausgleichung der handschriftlichen Orthographie wurde nach folgenden Grundsätzen verfahren:

1. Durchgestrichene Wörter, doppelte Schreibungen eines Wortes in den Handschriften werden im Apparat verzeichnet. Fehlende oder zusätzliche Reimpunkte in den Handschriften werden nur notiert, wo es wegen der Einteilung in Verse wichtig sein könnte.
2. Kürzel werden aufgelöst.
3. Akzente werden nicht gesetzt.
4. Die Negationspartikel *en* und *ne* werden mit dem folgenden Verb zusammengezogen; außer *ne* vor vokalischem Anlaut *(ne ist; ne arbeitot)*.

---

[13]) Frühmhd. Reimstudien (1925) 51.

[14]) A. Bayer, Der Reim von Stammsilbe auf Endsilbe im Frühmhd. Diss. phil. Tübingen (1934) 66ff.

[15]) Beitr. 78 (Halle 1956) 480ff.

5. Eigennamen werden stets groß geschrieben.

6. Bei Zusammen- oder Getrenntschreibung von Wörtern werden Abweichungen von den Handschriften im Apparat nicht verzeichnet.

7. Nicht verzeichnet wird der Textausgleich (vokalisch, konsonantisch, metrisch) früherer Herausgeber (auch wenn er von ihnen in ihrem Vorwort oder Apparat nicht erwähnt wird), wenn nicht besondere Gründe vorliegen; auch die Verlesungen früherer Herausgeber werden nicht besonders notiert; es wird dann „... (!) Hs." verzeichnet.

Im übrigen werden folgende orthographische Regelungen getroffen:

1. *s, ſ; z, ʒ* werden einheitlich als *s* und *z* geschrieben; auch die Schreibung *c* für *z* wird als *z* wiedergegeben. *v–u; i–j* werden nach ihrem Lautwert getrennt und normalisiert.

Die Schreibungen *u, v, vu, uv* für *w* wurden nach *w* ausgeglichen. Fehlende *u* nach *w* wurden ergänzt.

2. *æ* steht für den Umlaut des *â*, auch wo die Handschriften *e* schreiben. Falsche *æ* wurden rückgängig gemacht und im Apparat verzeichnet. *e* steht für den Umlaut des *a*, sofern er in der Handschrift bezeichnet ist; in allen Fällen, wo die Handschriften *æ* für den Umlaut des *a* schreiben, wurde dies ohne Anmerkung in *e* geändert.

3. Die Schreibung von *i* und *ie* wurde nach dem Lautwert geschieden. Bei der Schreibung der Personalpronomina der 3. Pers. f. sg. und 3. Pers. pl. wird der Handschrift gefolgt (*si, sie, siu* stehen nebeneinander); das gleiche gilt für den Artikel (*di, die, diu*).

4. *ou* steht für *ou*, *au*-Schreibung wird beibehalten; der Umlaut wird in G. rückgängig gemacht.

5. *iu* steht für den Umlaut des *û*, auch wo die Handschrift *u* schreibt; in Verbindung mit *w* wurde auch die Form *iw* (neben *iuw*) geduldet. Falsche *iu* für *u* werden ausgeglichen und im Apparat verzeichnet.

6. *uo* steht für *uo*, auch wo die Handschrift *u* schreibt, ohne Anmerkung im Apparat. Die Verbform *stunt* wird so beibehalten. Falsche *uo* für *u, o, ou, ü* werden ausgeglichen und im Apparat verzeichnet.

7. Regelmäßig wurde *sc* für *sch* gesetzt; *sk* der Handschrift bleibt stehen.

8. Der *ach*-Laut wird nach Vokalen *ch* geschrieben; in Verbindung mit Konsonanten wird der Handschrift gefolgt; nur *hs* und *ht* wird stets so geschrieben.

9. Wenn andere Sonderschreibungen im Text ausgeglichen wurden, so ist das im Apparat vermerkt.

Die nur in der jüngeren Handschrift G. erhaltenen Teile, d.i. der „Johannes“ und das in V. fehlende Blatt mit den Strophen 38, 2 bis 62, 3 wurden in maßvoller Form an die Lautform von V. angeglichen. Dabei wurde besonders das Folgende verändert:

1. Die Verneinung „*dehein*“ wurde durch „*nehein*“ ersetzt, das in diesen Fällen immer in V. steht.

2. Die Negationspartikel *en-* wurde als *ne* (wie in V.) geschrieben.

3. „*die*“ *zit* wurde durch „*der*“ *zit* ersetzt, das immer in V. steht.

4. Zusammenziehungen wurden aufgelöst.

5. Synkopierte *e* wurden wieder eingesetzt; also z.B. *sagt* (3. Pers. sg.) > *saget; weinte* > *weinete; gesagt* > *gesaget; magt* > *maget; andern* > *anderen* verändert. Ebenso wurde apokopiertes *e* wieder eingeführt, also z.B. *sag* > *sage; solt* > *solte* verändert; *gote, eineme, sineme, deme, ime, alse* wiederhergestellt; dagegen ist *von* beibehalten.

6. *ld, rd* wurden als *lt, rt* (im In- und Auslaut); *nd* als *nt* (im Auslaut); *tz* als *z* geschrieben.

7. *eu* wird entsprechend den Schreibungen von V. geändert in *iu* bzw. *ou*.

8. *ů*, das mit *ů́* wechselt, wurde in *uo* aufgelöst, da V. den Umlaut nicht bezeichnet.

9. ẘ, ẘ̇, ŵ wurden sinnvoll aufgelöst zu *wuo, wu, wo*.

Bei den Teilen, für die V. und G. vorhanden sind, wurde im kritischen Apparat alles, was den Sinn ändern kann, verzeichnet.

Was die Initialen und Großbuchstaben betrifft, so folgt die Stropheneinteilung den Initialen in V. Es wird für V. nur verzeichnet, wo keine Initiale oder nur ein Großbuchstabe am Strophenanfang steht; ferner wo Initialen im Innern einer Strophe stehen. Für G. dagegen wurde notiert, wenn fette Initialen am Strophenanfang stehen. Bei den Teilen, für die nur G. vorliegt, wurde notiert, ob G. am Strophenanfang Initiale hat oder nicht.

Bedenkt man, daß ich bei den über 300 Stropheneinsätzen nur an 15 Stellen eigenmächtig einschneiden mußte; bedenkt man, daß überall innere und äußere Gründe wie direkte Reden und Gegenrede; paralleler Bau zu vorhergehenden oder folgenden Strophen; Art des Beginnens und Schlusses der Strophen usw. meine Entscheidung begründen oder unterstützen; bedenkt man vor allem, daß die doppelte Überlieferung an einer Reihe von anderen Stellen faktisch erweist, daß V. gelegentlich Initialen oder Großbuchstaben vergessen oder von ihrer Stelle verschoben hat, so wird man mein Verfahren billigen, und man darf sagen, daß die Dichtungen der Ava nach der in V. noch gut erhaltenen, aber auch durch G. noch in wesentlichen Punkten ergänzten Initialtechnik in sinnvolle und deutliche Langzeilenstrophen gegliedert sind. Weitere Begründung ist in meiner großen Ausgabe der religiösen Dichtungen des 11. und 12. Jahrhunderts gegeben.

Die hier vorgelegte Ausgabe wird, so hoffe ich, die Arbeit an den Dichtungen der Frau Ava neu beleben und vor allem ihr wieder Eingang in den akademischen Unterricht verschaffen.

Merzhausen bei Freiburg i. Br. F. M.

5. Januar 1966

DIE DICHTUNGEN DER FRAU AVA

JOHANNES

1 Nu sule wir mit sinnen sagen von den dingen, G. 1ra
wie die zit anevienchdaz di alte e zergiench.
daz gescach in terra promissionis, daz riche was do Herodis.
in deme zite gescach micheles wunders gemach.
in Galilea was ein guot man, Zacharias was sin nam
bi der burch ze Nazareth, sin wip hiez Elizabeth.
iz waren iriu tougen rain vor gotes ougen.
den liuten waren si minnesam, diu tugent in von gote quam.
wir sagen iu von rehte von ir beider geslahte.

2 Er was zuo eineme ewart erchorn von grozzen vorderen geborn.
zuo Jherusalem in daz templum da solte er gote dienen nach frum
sine wochen an der ahtoden stete, got gewerte in siner bete.
diu stat hiez im Abyas, also saget uns Lucas.
diu vrowe diu was tugenthaft, in ir jungede unberhaft.
wir sagen iz vil rehte, si was von Aarones geslahte.
in ir alter si gewan den aller grozzisten man,
der was ze ware gotes vorloufare.
er was ein herhorn des himeles unde ein vaner des ewigen chuniges.

3 In deme selben zite do sameten sich diu liute, G. 1rb
do gie der vil guot man in daz gotes hus al eine beslozzen.
er betete umbe di liute mit micheler guote.
do sah der altherre einen engel here
zesewenthalben sin stan, er sprach ze deme heiligen man:
„niht nefurhte du dir, ze ware ich sage iz dir,
du solt einen sune gewinnen, des sich manige mendent.
wines trinchet er niht unde von diu trunchenhait gesciht.
ze ware sage ich dir daz, sin tugent ist alse Helyas.
du solt des gewis sin: Johannes ist der name sin.“

1, 1 N *fette Initiale* G. alte *fehlt* G., *erg. von* Sche*(rer)* 4 in der zit G. 6 Nazareht G.

2, 1 *keine fette Initiale* G. 3 *so* Ki*(enast)*: Dienen sîn wochen. er het sin gebet gesprochen. An der G. gebet G.: gebete Ho*(ffmann)*, Pi*(per)* 9 vaner Sche. : væenen G. (*nach* Pi.; *nach* Ho. vanen).

3, 1 I *fette Initiale* G. 2 In daz gotes hûs dan . Al eín beslozzen. got hêt sîn niht vergezzen. G. 6 enfvrht G.

4 Der herre ime furhten began,   er sprach: „ich bin ein alt man.
min wip ist unberhaft,   vil lange ane mannes winescaft,
wie mag ich gelouben   diu grozzen gotes tougen?“
der engel sprach zuo den stunden: „din zunge si gebunden,
ez si dir lieb oder lait,   ich sage dir diu warhait.
e iz allez si ergan,   du nemaht der rede niht gewalt han.“
danne gie her Zacharias,   daz liut allez da vor was.
do solte der herre bredigen,   do mahte er niht redenen.
des nam da alle besunder   diu liute michel wunder.

5 Da in deme lande was ein maget,   daz ist uns diche gesaget,   G. 1va
diu was von sipper triwe,   chunne dirre frowen.
si was geborn von Yesse stamme,   sit wart si gotis amme
in magetlicher reine: daz newart nie wip neheine.

6 Darnach wart ze ware   an deme sehsten manode
der engel gesant,   Gabriel der wigant,
in di burch ze Nazareth,   alse iz hie gescriben stet,
zuo der chuniginne,   si ist aller wibe wunne.
do der engel in gie,   also er iz an gevie.
er sprach: „ave gratia plena,   gegruozzet wis du, Maria!
got wil mit dir wonen,   gesegenot sistu under anderen wiben.“

7 Wunder nam daz magedin,   waz diu rede mohte sin.
diu rede duhte si harte seltsane,   di ir der engel brahte.   G. 1vb
si gedahte mit diemuote,   do erchom diu guote.
do der engel daz gesach,   sus er ir zuo sprach:
„niene enfurhte du dir,   gesegenot sistu von mir!
vor allen wiben hastu ain besunder   vor gote genade funden.“

4, 1 D *fette Initiale* G.   2 wineschaf G., *verb. von* Ho.   6 ne moht G.   8 gereden G.; bredigôn : redinôn Ki.

5, 1 D *fette Initiale* G.

6, 1 *keine fette Initiale* G.   4 Zv der chunigínne . div het hvͦs dar ínne . Vñ ŏch cheiserlîch chunne . si ist G.   7 Got wil wonen mit dir . gesegent sîstv von mîr . In allen ziten . vnder andern wîben . G; *vgl.* Ki. *ZfdA. 74, 281*

7, 1 W *fette Initiale* G.   2/3 dvͦhte sî ane wane . so harte sæltsæne . Di ir der e. brahte . vil stille si gedahte . Mit solher diemvͦte . do G.   3 diemvͦte : gute G.   5 niene enfurhte du dir Ki. : nienen furhtu dir G.   gesegent G.   6 Ze allen ziten. vor allen wîben. Hastu G.

8 „Uber dich chumet spiritus sanctus, er bescatewet dine wamben.
ecce concipies et paries filium, er wirt geheizzen der gotis sun,
Jesus genennet, elliu werlt sich sin mendet.
er wirt ze ware ein gewaltich heilare,
ime git got ze eren den Davidis sedem,
in Jacobes hus da richesent inne Jhesus
in eternum et ultra, daz geloube mir, Maria!“

9 „Wie mach daz sin“, sprach diu maget, „daz du mir hast vor gesaget,
daz ich chint gewinne? mannes ich niht erchenne.
von diu hat mich michel wunder, sol ich werden muoter.“
do sprach der angelus: „daz wurchet spiritus sanctus.
ich han dir mer ze sagene: Elizabet din gelegene
von alten dingen daz si sol chint gewinnen. G. 2ra
daz ist der sehste manot, daz ist gotes gebot.
von diu maht du wizzen dabi, daz got niht unmugelich si.“

10 Do sprach Sante Marie: „an gote bin ich zwiveles vrie.
ich geloube sinen gewalt uber junge unde uber alt.“
si sprach: „ecce ancilla domini, nach dinen warten gescehe mir!“
diu frowe huob sich dannen, in ein ander burch gegangen,
in ein hus da inne was daz wip Zacharias.
da woneten di guoten, di reinisten muoter,
unze got wolde, daz Elizabet gebern solde.

11 Do si daz chindelin gewan, des froute sich vil manich man.
friunde unde mage di sameten sich dar ze ware.
[si nanden in Zacharias, vil sciere iz verwandelot was:]
sin muoter hiez biten des, si hiezzen in Johannes.
da wart ein strit umbe den namen von den, di dar quamen.
si sprachen: „der name ist seltsæn, in deme geslahte ist niemen so geheizzen.“
do winchte Zacharias, want iz ime wol chunt was.
der herre niht erwant, er nam ein tavel in di hant.
er screib den namen des chindes: er heizzet Johannes.

8, 1 Do *(mit fetter Initiale)* sprach der angl's: „vber dich chumt spc scs . Er b. d. wamben . du hast eín chínt enphangen. G. 2 er wir g. G. 3 genendet G. 4 Er wir G. 5 git ze G.: git ⟨got⟩ ze Ho., Ki.

9, 1 W *fette Initiale* G. 3 wunde G., *verb. von* Ho. muter dar vnder G. 7 manod G. daz iz g.G., *verb. von* Pi. : daz iz g. ⟨wille⟩ gebot Ki. 8 Von der *lasen* Ho. *und* Pi.; *nach* Schr*(öder)s Kollation* (Ki.) *steht in* G. dev.

10, 1 D *fette Initiale* G. 1 *Reimglättung durch Überarbeiter* Lgth. *(= Langguth)* 6 do G.

11, 1 D *fette Initiale* G. 3 schir iz verwandelt G. 5 dar quamen *vermutet* Ki. : warn chomen G. 6 der nam sæltsen ist . i.d.g.n. so geheizzen ist G.; seltsâne: sîn genanne Ki.; 6b nieman dem gewâre Schr.

12 Do daz chint wart besniten,   alse iz was do bi den siten,
an den selben stunden   sin zunge wart enbunden. G. 2rb
do sprach Zacharias,   er was vol des heiligen geistes,
er wissagete alsus   den salme „benedictus“.
ze mettin singet man daz lobesanch,   nu sage wir sin gote danch.

13 Nu wuohs daz chint, daz ist war,   unz iz chom vur ahte jar.
do huob er sich in die wuoste,   got nam er ze troste.
daz was ein michel wunder   an eineme jungen chinde,
niewan daz in erliuhte der gotes scin,   daz iz wol mohte sin.
vil junch was ime der lip,   iedoch huob er den strit
mit sineme fleisce: daz chom von deme heiligen geiste.
man liset von siner wæte,   daz er niht gewandes hæte
wan uz olwenten har geflohten,   dar zuo sterchete in min trahten.

14 Man liset von Johanne,   deme heiligen manne,
er huotte siner sinne,   got wonete dar inne.
er az unchundigez maz,   ja hat bezaichenunge daz:
hewscrichen unde rorhonich,   darzuo sterchete in der heilige Christ.
luzel was daz fleisc an sineme libe,   daz liez er durch di gotis liebe.

15 Man liset von Johanne,   deme heiligen manne:
zuo ime chom der gotisun,   mit ime began er choson,
daz er toufen gienge   unde di riuwesære enphienge.
er sprach: „so du toufest in deme wazzer,   so nesoltu des niht vergezzen, G. 2va
ob sweme du sehest diu tuben,   daz soltu mir gelouben,
daz ist der allermeiste,   der da toufet in deme heiligen geiste.“

16 Wir lesen von Johanne,   deme heiligen manne:
er gie in der wuoste,   di menige er troste.
er sprach: „swer mit der riwe   besuochet gotes triwe,
dem nahent wærliche   diu himeliscen riche.“

12, 1 *keine fette Initiale* G.   3 des heiligen g. er vol was G.

13, 1 N *fette Initiale* G.   Ki. *gestaltet aus Str. 13 und 14 sechs vierzeilige (Kurzverse!) Strophen in der Reihenfolge: 13, 1–4; 13, 7 + 8; 14, 3 + 4; 13, 5 + 6; 14, 2 + 5; Z. 14, 1 scheidet er als Einschub aus.*   4 erlevhtet hete G.

14, 1 *keine fette Initiale* G.   3 ⟨man liset⟩ er Ki.   vnchudiges G., *verb. von* Ki.

15, 1 M *fette Initiale* G.   2 zuo zim quam der g. … chôsôn Ki. *unter Verweis auf L. J.* 32, 1 : Zv ím chom der gotis sun . gegan . mit ím er chosen began. G.   3 rívsære G.

16, 1 W *fette Initiale* G.

17 Jerusalemære di horten diu guoten mære
[von Johanne, deme heiligen manne.]
si sanden dar zwene man, sacerdotem unde levitan,
daz si daz erfuoren, ob er iz Christ wære
oder her Helyas oder Jeremias
oder deheiner der wissagen: „wa fur sul wir in haben?

18 Des antwurte in iesa Johannes baptista:
„ich sage iu daz war ist, ich nebin iz niht Christ.
ich nebin iz niht Helyas noch ouch Jeremias.
nu vernemet iz mit sinne: ich bin iz ein ruoffende stimme
in der wuoste der riwe unde chunde gotes triwe."

19 Do frageten si den guoten man, warumbe er gienge toufen.
des antwurte iesa Johannes baptista:
„ich toufe in deme wazzer, ich wil mich nihtes vermezzen. G. 2vb
swie si varen durch di unde, ich vergibe niht di sunde.
der di mag vergeben, der ist gehaizzen daz ewig leben.
des erchennet ir niht, ouch bin ich des niht wirdich,
daz ich an sineme gescuohe zerlose daz gerieme."

20 Zwene fursten do waren, die des riches phlagen,
diu buoch nennent si sus: Herodes unde Philippus.
der was einer gehit, er hete ein sconez wip,
bi der gewan er ein tohter, diu ime niht lieber sin mohte.
di zoh er mit eren, er hiez si vil wol leren
wunders also vil, daz chunichlich saitspil.
si spranch alse ein spilwip, vil gevuoge was ir lip.

21 Unlanch zites ergiench, daz Philippus versciet.
Herodes was ein ubel man, ich wæne in lusten began
sines bruoder wibes minne, daz waren unsinne.
daz was diu Herodia, diu gehanchte ime iesa.

17, 1 I *fette Initiale* G. *Z.* 2 „*wohl interpoliert*" Ki. 4 daz si daz ervuoren, ob (*wie* 23, 7) Ki. : Daz si erfůren die mære, ob erz G.

18, 1 D *fette Initiale* G. 4 binz G.

19, 1 D *fette Initiale* G. gûten man. w. er wær tŏfen gegā. G. 2 antwˀrt G. 6 ŏch bín des wirdig niht. G.

20, 1 Z *fette Initiale* G. waren . die bî den selben iaren . Des rîches pflagen . als man noch hôret sagen. G. 3 einer gehît Ki.: eine vergiht G. 6 Ki. *schlägt vor:* ⟨kunste⟩ wunders also vil ⟨und⟩ daz ch. s.

21, 1 V *fette Initiale* G.

22 Johannes der gewære,   der here toufære,
diu hirat er irrete,   mit fraste er si werte.
er sprach zuo Herode: „iz geziuhet zuo deme tode,
ze ware des wart uf mich,   si newirt dir nimmer muodich.“ G. 3ra
daz was der frowen ungemach,   daz er da widere iht sprach.
von ir rate daz ergie,   daz man den heiligen vie.
man fuorte in dannen   zuo Herode gevangen.
in eines charchæres node   do brahten si in ze deme tode.

23 Do Johannes got lerte,   an di bredige sich niemen cherte.
alse er wart gevangen,   do chom got gegangen
unde lerte alle geliche   arme unde riche.
in den burgen unde in der wuoste   vil manigen er da troste.
do Johannes daz vernam,   daz got selbe leren began
in deme selben lande,   zwen junger er dar sande,
daz si daz erfuoren,   ob er iz der chunftig wære,
oder ob si in den ziten   eines anderen solten biten.

24 Des antwurte in der hailant: „iuch hat Johannes hergesant.
nu sehet alumbe   diu zaichen unde diu wunder.
di halzen werden gende,   di toten erstende.
di toupen gehorent,   di armen werdent geleret,
di blinden gesehende,   di menige ist worden diehende.
nu saget Johanne,   deme stætigen manne,
daz di vil sælig sint,   di an mir niht gewirsert sint.“

25 Do cherte er sich ze deme anderen   und sprach von Johanne: G. 3rb
„wen suochet ir in der wuoste,   der iuch so wol troste
mit siner heiligen lere,   er ist niht ein rore,
der sich nach den unden neiget   unde von den winden weibet.
er ist ein stætiger man,   er hat sineme strite wol getan.
er lebete vil harte   mit luzeleme zarte
unde was vil stæte   mit scerphim gewæte.
swer di linden wat hat,   in der chunige hofe er gat.
des netet Johannes niet,   von diu ist er gote liep.
ir nemuget under wibe chinden   neheinen grozzeren man vinden.“

22, 1 J *fette Initiale* G.   hŷrat G.   2 mit rafste Ki.   7 dannen also fram. z. h. ín eín ínsulam. G.   8 note G.   zv G.

23, 1 D *fette Initiale* G.   J.lerte. got. an G.; Ho. *und* Pi. *behalten die Wortstellung bei und trennen den Reim nach* lerte.   7 erz G.

24, 1 D *fette Initiale* G.   5 dehente G.: iehente Lgth.: diehente Ki.   7 *vgl. Math. 11, 6.*

25, 1 D *fette Initiale* G.   3 ern G.   4 von dem w. G.   9 niht : lieb G.   10 Irn m. G.

26 Do in den ziten gelach   Herodis geburde tach.
do fuor der wuoterich   in die burch Herodis
zuo der wirtscefte,   die begiench er mit chrefte,
mit spil und mit sange,   mit phelle wol bevangen.
[in siner geburt zite,   – daz mære chom vil wite –]
do der chunich ze tisce gesaz,   da scain vil manich goltvaz,
do wart diu tohter furgeladet,   vil wol spilete diu maget.
si begunde wol singen,   snellichlichen springen
mit herphin unde mit gigen,   mit orgenen unde mit lyren
in chunichlichem gerwe   vor aller der menige.

27 Do sprach der chunich Herodes,   enfraise sines libes: G. 3va
„wol gevellet mir din spil,   vernim waz ich dir sagen wil.
nu bit mich halbes mines riches,   swaz dir sin geliche,
ez si lait oder liep,   daz wil ich dir versagen niet.“
do sprach di tohter stille: „muoter, waz ist din wille?“
des antwurte iesa   diu valantinne Herodia:
„du bite niht anderes   wan daz houbet Johannes.
daz soltu biten abslahen,   in disen sal tragen
vor der menige uf disen tisc   unde wizze daz iz min wille ist.“

28 Danne gie di maget stan   fur den fraislichen man.
si sprach: „chunich, ich bite dich,   des soltu gewern mich,
daz ne ist niht anderes   wan daz houbet Johannes.
daz haiz du ime abslahen,   her fur dich tragen,
sezen uf disen tisc,   wizze daz mir daz lieb ist.“

26, 1 D *fette Initiale* G. 2 *so* Ki.; wûtrich tyrann⁹ : herodis sus G. burch Schr., Ki. : stat G. *Z.* 5 *hält* Ki. *für Interpolation* 7 spilt G.

27, 1 D *fette Initiale* G. ⟨en⟩fraise Ki. *unter Verweis auf Erec 6096/7* : fraise G. 3 halbes *erg. von* Ki. 4 lieb : niht G. 5 stille *vielleicht Zusatz von G.?* 6 antwûrt G.

28, 1 D *fette Initiale* G. 2 gewêren G.

29 Der chunich sprach trurichlichen   sus ze der frowen:
„mir ist innechlichen lait,   daz ich swuor disen ait.
iedoch wil ich erfullen   allen dinen willen.“
do hiez er zwene sine man   zuo deme charchære gan,
daz si deme herren absluogen   daz houbit unde iz dar truogen
fur alle di menige   deme wibe ze gebene.

30 Do Johannes verstunt, daz ime nahete der tot,   uf huob er sine hende ze got. G. 3vb
er was vil innechlichen fro,   got enphalh er sine sele do.
si zuhten den herren fur di tur,   do wart sin heiligez leben fur:
daz houbet si ime abnamen,   deme chunige si iz gaben.
do gab erz deme wirsisten wibe   mit deme aller heiligisten libe,
der ane Christ ie wart geboren   unde durch gotes reht erslagen.
des mendent in deme himele   di engeliscen menige.
sich frout ouch diu heilige christenhait,   sin lob ist wit unde brait.
in himele unde in erde   ja ist der gotes werde
ane alle rede ze ware   uns ein helfare.

29, 1 D *fette Initiale* G.   D. ch. trŏrichlichē spᵃch. ze der fr. svs vñ iach. G.   2 ich hevt swûr G.   4 zwên G.   5 herren slûgen. daz hůbet ab. vñ G.
30, 1 D *fette Initiale* G.   daz ím dˢ tot. nahent vf hůb G.   3 fûr di tûr : lebn fv̂r G.   6 geborn wart : erslagen wart G.   8 wit Ki. : wêrt G.   10 An G.

DAS LEBEN JESU

1 Do got hie in erde geborn wolte werden, V. 115va, G. 3vb *Di(emer)* 229
do hiez er iz vor sagen Ysaiam den wissagen
und ander propheten, daz er is willen hete,
daz in ein magit gebare, daz iz deste gelouplicher ware,
swenne iz darnach gescahe, daz man in mennisc gesahe;
wan diu magit ungeborne tet vil manic werlde verlorne,
daz daz widertan wurte mit der magitlichen geburte.

2 Si was aller magede herist von diu daz si allererist
dar an vol wonete daz si geheizen habete,
daz si gotes maget ware und allez manchunde verbare
zaller werlde wunnen, si was reine uzen unde innen.
Gabriel der angelus der erscein in dem hus. G. 4ra

3 Do hete got einen alten vil reinen gehalten,
ze helfe der magede, ir noturft ze gebenne.
ir gemahelen sin hiez, darumbe er niene liez, Di. 230
er nedienet ir mit triwen also mit rehte siner frouwen.

4 Do wart der engel gesant ze Galyle in daz lant,
(diu burch hiez Nazaret, der gemahele hiez Joseph)
ze der magde reine, do si in dem gademe saz eine.
si bette umbe daz heil der werlte, do chom ir des si gerte.
der heilige spiritus sanctus der bephiench ir die wambe.
er bescatewet ir den lichnamen, do wart si swanger ane man.

1, 1 D *fette Initiale auch* G. Dŏ V. en erden G. wolt V. 2 er er iz (!) V., iz *fehlt* G. 2b aínen sînen wîssagen. G. 3 Elyas der gut uñ ander ppheten G. er sînen willen G. 4b *fehlt* G. 5 swenne V. : daz G. : swanne Ki. darnach gesahe V., *verb. von* Di*(emer)* mennis V. mennische gesahe *od.* mennisge sahe Di. *Anm.* 5b *fehlt* G. 6b *so* Ki. : uil man werde | uerlorne! V. : vil manige w^a^lde het verlôrn. G. vngebôrn : verlôrn G., Pi. 7 Daz danne w. G. : daz der w. Ki. wurte : geburte Ki.: wrde V.

2, 1 hereste G. 3 unde V. manchûne G., Di., Pi. 4 zallen V.: Ze aller G.: zaller Di. werlt V. wunne G. si reine ûzen und innen Ki. *Z.* 5 *str.* Ki.

3, 1 behalten G. 2 magde V., G. not|urfte V. zegebinne V. 3 sin in V.: si in Di. niht enliez G. 4 Er dínet G. als von reht G.

4, 1 D *fette Initiale auch* G. in dar l. V. *Z.* 1 *und* 2 *str.* Ki. 2 diu durch V. 3 zuo der magede Ki. do si saz aleíne. G. 4 bat G. sí da g. G. 5 heilige âdem Ki. der enphiench V. : den enphiench di wambe sus G.; *vgl.* 8, 4 6 den *fehlt* V.

5 Da newas hirat   noch manlich rat
noch werltlich gelust   noch nehein honchust.
diu magit wart vil wol geret,   ir chiuske gemeret,
ir magtuom gehalten   mit gnaden manichvalten.
do der da geherbergote   der si gebildote,
also geistlichen si in enphie,   so wizzet daz diu geburte ergie.   V. 115vb

6 Iedoch getruopte si daz   daz si eine da saz.
do sprach Sancte Gabriel: „niht furhte du dir,
iz ist dir wol ergangen,   du hast ein chint enphangen.
danne wahset ein man,   der wirt geheizen gotesun,   G. 4rb
Jesus wirt er genennet,   des elliu werlt mendet.“
diu magit geloupte ime daz,   der gotesun sa mit ir was.

7 Do diu magit des verstunt   daz iz chome vone got,
und der hailige adem   entswebete ir den lichnamen   Di. 231
von den vuozen unze an den wirbel,   do gihite der himel zuo der erde.
daz wart da ze stete scin,   do er sprach daz wort sin.

8 Danne huop sich diu maget   daz ist uns ouch e gesaget,
in di burch Juda   in daz hus Zacharya.
da vant si inne   ein wip mit liehteme sinne.
der wambe was bevangen   mit dem guoten Johanne.
do ir stimme si vernam,   iesa si wissagen began.

9 Si sprach: „von welcher gewurhte chumet mir,   daz du chome zuo mir?
muoter mines herren,   min chint wil dich eren.
daz mendet sich inne mir,   iz hat sich gecheret hin ze dir.“
do chuste si diu frowe   Sancta Maria.

5, 2 werdich gel V.   dehaín hochchust G.   4 magetuom Ki.   behalten G.   5 gher-|bergote V.   hête gebildete G.   6 Also geistlîch so sí enphie. G.   *Z.* 6 *str.* Ki., *ebenso Str.* 6; *er schließt bei seiner Rekonstruktion an* 5,5 *die Verse* 7,1*ff. an.*

6, 1 betrůbt G.   sí ín eîn da sach G.   2 sprach iz s. V.; iz *str.* Pi.   sanctus G. n. en furht G.   4 Da von w. G.   gotsun (!) V.   5 wirt er *fehlt* G.   genent V., *verb. von* Pi.   welt V.   wærld sich m. G.   6 gelŏbt G.   der *fehlt* V.   dotes sun samt ir V.: gotes sun sa mit ir Pi.

7, 1 D *fette Initiale auch* G.   maget daz v. G.   daz er ch. G.   chome Ki.: chom V., G.   dô ⟨sich⟩ d.m.d. verstont, daz ⟨mite⟩ er⟨e⟩ wonen quâm⟨e⟩ g. He*(nschel)*   2 atem V., G.   enswebt ír lîchnamen. G.   3 gehirte G.   4 Des G. zeste V.   er *fehlt* V.   do *fehlt* G.   si sp^{a}ch dín wôrt můzze war an mir sín. G. do spr. daz wort (muezze war an mir) sin. Di.   *Z.* 4 *str.* Ki.

8, 1 *keine Initiale* V., *aber fette Initiale* G.   magit V.   uns *fehlt* G.   2 ze íuda G., Di. 3 mít sínnen G.   5 Do sí ír stimme v^{s}nam G.

9, 1 weh-|leher V.   von wív ch. G.   chumest hêr zv m. G.   3 ine V., *verb. von* Di. 4 chust V.: chuste Pi.   *nach* frowe *fehlt Reimpunkt* V.   Zv eín and^{s} si giengen. mít chusse si sich geviengen. G.

10 Si sprach: „got hat siner diuwe gedaht“ unde sanch Magnificat. G. 4va
si sagete unde sanch gote gnade unde danch.
vil michel mandunge was da, danach wonete si da
eines manodes zit, des frouten sich diu heiligen wip.

11 Do diu heiligen tougen, diu da ergan was uber unser frowen,
Josebe rehte chunt wart getan, des erchom sich der hailige man.
er wolt tougelichen der frouwen geswichen.
der engel ime zuo sprach in dem slafe, da er lach. Di. 232
er saget ime ze ware, daz daz chint von dem hailigen geiste enphangen wære.

12 Do iz got wolde unde iz werden solde,
Josep der guote die magit er dannin vuorte
in die burch ze Bethlehem, da diu geburt solt ergen.
daz heten die wissagen gechundet vor manegem tage. V. 116ra
do was von allen enden michel werlt da gesendet,
der Juden ein vil michel craft, si scolten werden zinshaft
ze den romisken richen, da nemohte niemen dem anderen entwichen.

13 Do Josep begunde werven umbe di herberge,
do neliez in niemen in: got gab im den gesin
daz er den esel zeiner chrippe treip, diu here magit da beleip.
da vunden si ein rint, da wart geborn daz frone chint,
mit den tuochen umbe hebet, in die chrippe geleget.
do entweich der esel unde daz rint, si erten iesa daz frone chint G. 4vb

14 Der da lach an dem gemeinen lufte, der hat in siner hant alle himeliske [chrefte;
den bifie der magde wambe, der ist noch unbevangen
in himele unde in erde: daz er gebot daz muose werden.
do erscein ein engel also her an dem velde ze Betlehem. Di. 233
er sagete den hirten, die da wacheten uber ir chorter,
daz da geborn ware der werlt hailare.

10, 1 *keine Initiale* V., G. hat *fehlt* G. dîrne G. 2 saget V. got V. *Z.* 2 *fehlt* G. 3b vnser frowe belaib iesa. G. 4 freŏten V. heligen V.

11, 1 D *fette Initiale auch* G. 1b diu da *fehlt* G. ergangen waren an u. v. G. 2 Joseph iz ch. worde g. G. sich *fehlt* G. 5 enphangen *fehlt* G.

12, 1 D *fette Initiale auch* G. solte V. vñ daz chint w. s. G. 2 er *fehlt* G. 4 manigen tagen G. 5 welt V. dar V. 7 riehen V. da moht G.

13, 1 Do *fehlt* G. 2 den sín G. 4 daz chínt G. 5 tŏchen V. 6 entwech V. damit êrten si d. G.

14, 1 D *fette Initiale auch* G. gemeinen *erg. von* Ki. der wielt aller hímelísch[e] ch. G. 2 ist *fehlt* V. umbe uangen V., G. 3 erden G. 5 saget V., G. ír hêrte G.

15 Dar nach pi einer wile   do sahen si scinen
der engel ein vil michel craft,   si wurden da dienesthaft G. 5ra
mit michelen eren   unserem herren.
do sanch daz her himelisk: „Gloria in excelsis.“

16 Die hirte niene erwunden,   des morgenes si in vunden.
wære unser herze guot,   so mahten wir sehen diemuot.
an dem ersten tage,   alse ich vernomen habe,
do wart gebrievet daz chint   ze Rome umbe einen phenninch.
durch gotliche geslahte   so negechert er nie von menesclicheme rehte.

17 E er uns wurde gesendet,   er wart e gurchundet
in Octavianes ziten   vor heidiniscen liuten.
iz was ein herlich dinch: si sahen ze Rome einen rinch
gen umbe den sunnen,   uz einem hus floz ein olebrunne.
daz bezeichenot daz,   daz er ein warez lieht was
unde diu oberesten gnade   an anegenge unde an ende ze ware.

18 Do daz chint geborn wart,   ein sterne iesa gesehen wart, V. 116rb
der brahte ein unchundez lieht: do nezwiveloten nieht
in dem selben zite   die heidenisken liute. Di. 234
sich huoben dri chunege   her ze Jerosolima
ennen ostert verre,   di wiste der selbe sterne
uz ir lande: dabi si daz erchanden,
daz der chunich hailant   chomen was in unser lant. G. 5rb

19 Do ilten die herren   ze Jerusalem cheren.
si begunden vragen   die wisen, di da waren,

15, 2 ẘrde G.   3 michelen G., Pi.: michel V.   vnsern lieben herren. G.   4 daz er himeliske V.

16, 1 niht e. G.   erwunten V.   2 dieumůt V.   3 als ir v[s]nomen habet. G.   4 Da ward ze Rome gebrievet. daz chínt vmb eínen phennínch G.   ein phennich V.   5b do ne chêrter nie von himlischem geslæhte G.   meneslicheme V.

17 *Str.* 17 *„vielleicht unecht“* Sche.; *Z.* 3–6 *„echt“* Lgth.   1 Er vns werde G.   ê wart er gechundet. G.   2 von h. l. G.   3 iz V.: Daz G.   eínen r. G.: ein r. V.   4 die s. G.   fur eín h. fl. e. brunne. G.   5 beheichenot V., bezaichent G.   6 angenge V.

18, 1 D *fette Initiale auch* G.   stern da g. G.   2 niht V.   3 der s. G.   4 S *Großbuchstabe* V., *keine fette Initiale* G.   5 Jennen G.   6 ír selbes l. G.   7 chuni: *danach ein* c *rad. und Lücke für einen Buchstaben* V. : chunich G.

19, 1 D *fette Initiale auch* G. zeierusalen V.

ube daz kint mare da geborn wære,
chunich der Judene, liehtvaz der tugende.
do fuor daz mære uber al daz niemen nehal,
daz got geborn was. die ubelen getruopte daz.

20 Do fraist iz Herodes, er was sun des ewigen todes.
do hiez er im gewinnen die diu buoch chunden.
der vil ungehiure, er beswuor si vil tiure,
daz si im sageten, wie si gelesen habeten
nach ir wanen, wanne Crist quame.

21 Si sprachen alle gemaine: „er chumet ze unserme haile,
iz chwit diu scriptura: „„„von Betlehem Juda
da ze Davides hus, da vert daz chint uz,
der Israel rihtet, der werlt er aller phliget“ “.
got weiz, herre, nu newizzen wir niht mere.
ob er noch geborn si, des frage du di chunige dri,
di osteren geste, di sagen uns von Criste.“

22 Do hiez er ilen gengen die chunige gewinnen.
er bat si sagen mære, obe Crist geborn wære. G. 5va
den ir sternen den sæhe er gerne,
wa er an vienge, daz er uf gienge,
ube sin geverte wære erlich anderem stirne gelich. Di. 235

23 Do der unguote iz allez ersindote,
do hiez er si danne gen suochen da ze Betlehem.
do si hurloup namen unde si ze wege quamen,
do erscein in ein liehter sterne, den sahen si gerne.
do gieng er siner rihte zer aller gesihte
uber die hailigen stat, da daz kint anelach.

19, 4 *statt dessen in* G. : Ch. der ſuden liht was allír tognit.; Chunich der iudischeit, / liehtvaz aller tougenheit Ho. *Anm.* liethuaz V. tůgende V. 5 hal V.; daz ſz nieman en hal. G. 6 getrŏpte V., betrůbte G.

20, 1 *keine Initiale* V., G. svnder des e. t. G. 3 besvůr V. 4 sí in sagten G. 5 Nach wane wenne christ chôme. daz er daz v[s]næme. G.

21, 1 zunserme V. 2 chut V. Ez sp[1]chet div schrift iesa. G. ze b. G. 3 Datze G. : daz V. 4 Vñ der w. G. philiget V., phlihtet G. 5 Gotwaiz chunich hêre. n. new. wír mere. G.

22, 1 er balde sprígen G. di drí chunige ím bríngen. G. 3 sæhe G. : sah V. 4 wā Ki. so er vf g. G. 5 h[s]lîch G. erlich wære Ki. oder anderen sternen g. G.

23, 1 *keine Initiale* V., G. ersindote V. : ez a. samt erfůre. G. 2 dane V. Suchen daz chínt ꝫ. b. G. bedehem V., *verb. von* Di. 3 genam̄. vñ vf den wech quam̄. G. 4 si also g. G. 5 giench er en rihte G. zv ir G. *Die Z.* 23, 6 *und* 24, 1 *sind von* Ki. *zusammengezogen zu:* uber dâ daz chint ane was, / dâ gestuont daz lieht vaz.

24 Da daz chint ane was, da gestunt daz liehtvaz.
do zugen si abe ir gewant, si giengen in daz hus samt.
da vunden si inne die muoter mit dem chinde.
si gestunten ir bi, si vielen nider alle dri.

25 Vile wole si gebeteten, danach si ime gebeten
golt zaller erist, wande er ist chunich herist.
wirouch vil wol gezimet, swa man got opfer gibet.
daz gaben si im umbe daz, daz er warer got was. V. 116va
do gaben si im zeleste aller rouch beste,
di roten mirren umbe daz daz er warer mennisce was.

26 Uns hete der psalmiste gesaget von Criste, G. 5vb
daz er die sundigen diet nelieze under wegen niet.
dri chunige here die scolten Crist eren.
si brahten gebe mære, tiure unde swære,
daz golt von Arabya, daz was ergangen iesa.

27 Do si do gebeteten, eine naht si sich enthabeten,
ein sconer engel in erscein, er zeiget in einen anderen wech hine heim,
daz si niene chomen hine widere ze dem ungetriuwen chunege, Di. 236
der mit sinem liste wolde slahen Cristen,
der sich gezechinet hat an des tieveles getat,
der alle die wirret unde vil vlizechlichen irret
di der ze guote gent unde sin dienest bestent.

28 Lieben mine herren, des scult ir got flegen,
daz wir den vermiden, so wir heim ilen.
so megen wir mit gesunde chomen heim ze lande G. 6ra
hin ze paradyse uzer dirre freise.

24, 1 a *fehlt* V. *keine fette Initiale* G. Da diu muoter ane saz G. 2 vñ giengen G. ensamt G. 3 ríne V. ír chínde G.

25, 1 *keine Initiale, vielleicht Großbuchstabe* V., *vorher Lücke* gebet|ten V.: gebaten G. darnach si gaben. G. 2 got V., *verb. von* Di. aller hêrste G. 3 opfper V. : daz oppher G. 4 si got umbe V. 4/6 *von* warer *bis* daz er *fehlt* V. 6 wære m. was V., *verb. von* Di.

26, 1 *keine Initiale, vielleicht Großbuchstabe* V., *fette Initiale* G. psalmista G. 2 ne *fehlt* G. níht V. 3 die *fehlt* G. erist eren V.

27, 1 D *fette Initiale auch* G. gebetten V.: gebaten G. sich da enh. G. 2 ceiget V. 3 si niht chomen. ê. G.; chomen ⟨als⟩ ê Ho. 4 sînen listen G. slahen wolde ch. G. 5 t. stat G. 6 unde *fehlt* G. 7 Die hín zegot g. G. unde *fehlt* G. begent. G.

28, 1 *keine Initiale* V., G. Lieb mín h. G. 4 Zedem frônen padise. ᵛz dirre werlde f. G.

29 Do si du erfulden   der Juden luterunge
unde si da getageten,   als iz diu e habete,
vierzech tage unde naht,   Josep ire mit triuwen phlach.
do fuort er si vone Bethlehem   in die burch ze Jerusalem.
do ilten si ze dem templo cheren,   da vunden si einen wisen herren.

30 Symeon der alte,   deme hete got den lon behalten,
daz er in niht von der werlt enname,   e er den gotes sun gesahe.
diu frouwe gap daz chindelin   dem herren an den arm sin.
do er den gotes sun enphie,   alter im von den ougen gie.
do gesah er heiterlichen,   des lobet er got den richen.
si hiez in tragen scone   ze dem altere frone,
daz er ime tate   alse iz diu e hate.
do brahten si mit sinne   daz opfer zuo dem chinde,
zwa tuben uf den gotes tisk,   Symeon sanc: „Nunc dimittis".   Di. 237

31 Mit in wonete ein wip,   diu habete gehalten ir lip   G. 6rb
mit michelen eren   viere unde ahzech jare.
daz was Anna prophetisse,   diu chunte in uns gewisse.
si was tohter Phanuel   unde was geborn de tribu Asser.

32 Joseph unde Mariun   die hete michel wunderon.
Symeon iz nieman nehal,   er sprach: „diz ist ein urstende unde ein val."
er sprach ze der magde here,   daz durch ir sele   V. 116vb
ein swert scolte gen: da mugt ir die gotes martyr ane versten.
do siz allez gehorte,   dannin si cherten
in die burch ze Nazaret,   alse iz hie gescriben stet.

29, 1 *keine Initiale* V., *aber fette Initiale* G. befunden V.: erfunden G.: erfulden *Hübner nach* Ki. : dô si dô erwunden Ki. 2 getagenten V., *verb. von* Di. : betagten G. als ín dív. ê. sagte. G. 4 Er fûrt si G.

30, 1 *keine Initiale, aber Großbuchstabe* V. den alten G. 2 w. næme G. 3 arme V., G. 4 daz alter G. 5 gesach V. lobter V. 7 Daz er da mít· tæte. G. 9 tiske V.

31, 1 it: *davor Lücke für Initiale* V. Mit ím w. G. d. het behalten îren l. G. 2 êren zeware G. ha-|zech V. 3 Si hiez a. p. G. prophetissa G. chundet G. 4 thohter V. von tribu G.

32, 1 *keine Initiale, aber Großbuchstabe* V. *so* Ki. : Joseph unde Symeon die heten V. : Symeon vñ ioseph. michel wunder si hete. G. : Joseph unde Maria *Will* : J. u. S. / die michel⟨lî⟩chten under on He. 2 neimen V., *verb. von* Di. níemen hal G. dize V. dirre ist eín val. Vñ ovch eín v̂rstende ín israhel maniger menige. G., Lgth. 4 mait ir V. die *fehlt* G. 5 Daz sí íz G. dannin (!) V. chêrte G.

33 Do was vile niwens vor im geborn, der vil lange was erchorn,
daz er ein sterne ware, der vor dem sunnen uf gienge.
er was ein haiter liehtvaz, in der wuoste lert er daz,
swer so mit triwen sine sunde wolte riwen,
daz dem warliche nahte daz gotes riche.

34 Do stunt iz unlange, e Herodes wart gevangen.
in den romisken landen zwei jar lag er in panden.
do er en dannen prast, wie luzel der chinde genas,
diu in zwein jaren da geborn waren.
er hiez si elliu erslahen, daz muosen diu armen wip chlagen. G. 6va Di. 238

35 Daz undervuor Joseph der guote mit der engelisken huote.
si huoben sich beidiu eines nahtes ensamt und fuorten daz chint in Egipten-[lant.
wolten wir iz merchen, iz mahte unsich in dem heiligen glouben sterchen.
do daz chint in daz lant reit, nehein apgot ganze nebeleip.
da dinoten si im ze ware sibentehalp jare,
unze Herodes versciet: der heilige engel daz geriet,
daz si den gotes werden fuorten widere in die israhelisken erde. G. 6vb

36 Dannen uber driu jar do vuor diu mait, daz ist war,
zeiner tult hinz Jerusalem, si bat daz chint mit ir gen.
do si gebetete, vil wol si getagete.
do iz allez was ergangen, do huop si sich dannen.
do vergazen si lewes des oberisten chuniges.

37 Do si chomen under wegen unde ir herren wolten phlegen,
do vermisten si des chindes, vil harte erchomen si des.
do ilten si widere gen in die burch ze Jerusalem.

33, 1 D *fette Initiale auch* G. vil níwes g. G. 2 er *fehlt* V. ůf V. 3 haitt[s] lihtez vaz G. 4 beriwen G. 5 daz *fehlt* V. Daz dem werlîche. nahet daz himelriche. G.

34, 1 D *fette Initiale auch* G. gestund G. e *fehlt* G. heRode V. 2 den *fehlt* G. inden b. G. 3 Do er danne gebrast. G. 4 Die inner z. i. G. 5 slahen G. des m. d. armev w. ch. G.

35, 1 mit engelischer h. G. 2 beidiu *fehlt* G. ensamet V. nahtes gan. beidev sampt tǒgenlîchen dan. G. unde V. egipt-|lant V. 3 merchen zehant. Vñ mit sínne errechen. iz moht uns wol an d[s]e gelovben sterchen. G.; gelouben *fehlt* V., *erg. von* Ki. 4 reit Ki. : chom V., G. : chom in daz lant? Wes*(le)* dehaín aptgot bestund davon G.; da ne bestunt Pi., Wes. 6 unze *fehlt* G. 7 wider vf ysrahelisch êrden G.

36, 1 zway iar G. 2 tult ze i. G. *Z.* 3 *fehlt* G. ge|bette V. 4 hůben G. 5 obris-|ten V. des heiligen chíndes G.

37, 1 sí waren u. w. G. 3 burh he i. V., *verb. von* Di.

38 Do giengen si in daz templum, da vunden si den gotesun.
sine gebærde diu was gotlich, sine vrage diu was wislich.
do si ir liebez chint ersach, vil erchomechlichen si do sprach:
„sage, liebez chint, mir, waz hast du begangen an mir?
din vater unde ich drie tage habe wir gesuochet dich.
wie sule wir daz versten, daz du mit uns niht woltest gen?“

39 Sin antwurte diu was gotlich: „warumbe suochestu mich! G. 7ra
ich sol billich phlegen, swaz mir min vater hat gegeben.“
do jach er offenbare an den himeliscen vater ze ware.
zwelf jar was er alt, do offente sich sin gewalt.

40 Si baten in mit in gen, si neliezzen in da niht besten.
si fuorten in mit guote zuo der rehten haimuote
in di burch ze Nazareht, ez newart e noch sit
nie nehein man siner muoter so gehorsam.

41 Von danne uber ahtzehen jar, daz ist alzoges war,
do was sin alter gezalt zwelf tage und drizzech jar alt.
do fuor er zuo deme Jordane, getoufet wart er dare
von Sante Johanne, deme heiligen manne.

42 Als er in daz wazzer gie, eine stimme sich her nider lie
ze des toufers gehorde von der oberisten hohe.
diu stimme sprach ze deme sune, ime wære wol gelichet an ime. G. 7rb
er hiez uns daz vil rehte horen, waz uns sin guote wolte leren.

43 Do hete uns got der guote gerefset in der sinfluote,
daz er des riwe habete daz er den menscen ie gebildete.
daz wart uns vergolten von sineme gewalte.
wan er des riwe hete enphangen, do er in daz wazzer was gegangen,
wascen unser sunde, des wart Johannes urchunde.
do sah er ob ime sweben, – daz nesul wir niht uberheben –
den heiligen geist alse ein tuben, wir suln iz Johanni gelouben,
want er daz herhorn was, daz saget uns Zacharias.

---

38 *Nach Z.* 1 *fehlt ein Blatt in* V.; V. *setzt wieder ein mit* 62, 4.
39, 1 *keine fette Initiale* G.
40, 1 *keine fette Initiale* G. 3 seît G., *verb. von* Pi.
41, 1 *keine fette Initiale* G. 3 g. w. er ane wane G.: duo chom er zuo Jordâne, / getoufet wart er dâre. Ki. *(nach Ezzo 201/2 Waag)* *Z.* 4 *str.* Ki.
42, 1 *keine fette Initiale* G.
43, 1 *keine fette Initiale* G. 2 hete G.

44 Do wart er geleittet   iesa in arbeite
von deme heiligen geiste,   daz gescah durch uns allermeiste,
in die wuoste zeinem berge,   da er bechort wolte werden.
daz tete sine guote umbe daz,   daz er uns geloubet deste baz.

45 Do vastete er alle   vierzich tage volle,
daz er netranch noch az: vil værich was sin der Sathanas.
want er gemerchet habete,   daz er sich von allen sunden enthabete.
der tievel also freissam   in die wuoste er engegen ime quam.
er sprach: „nu heiz disen stain,   ob du wellest got sin,
werden ze brote.“   der tievel want ob er in des genote,
daz er ime ouch mer volgete   an deme ime wol behagete. G. 7va

46 Do antwurte ime do got,   di heiligen scrift er ime do bot:
„ez newirt ouch niht al ein genote   gefuort mit deme brote
der lip noch diu sele,   sunder sie frout diu gotes lere,
diu von gotes munde get,   vil sælich ist der si verstet.“

47 Do deme tievel do missegie,   anders er iz anevie.
er fuort den gotes werden   uf ein wintpergen.
er sprach: „val hin nider von mir,   niene wirret iz dir.
di engel her gahent,   scone si dich enphahent.
ja sprichet der psalmiste   von dir, Jesu Criste,
daz dine fuozze noch din bein   niht neserige der stein.“
des antwurte ime der guote   mit degenlicheme muote:
„du solt dinen herren   niht gar ze verre
mit cheinen dingen bechorn,   des wirdestu lihte verlorn.“

48 Darnach fuorte er in scone   uf einen berch hohen. G. 7vb
er zeigete ime algeliche   di irdiscen riche:
„val nider unde bete mich an,   diz wirdet dir als undertan.“
des antwurte ime der guote   mit micheler demuote:
„nu tu behalten dinen rat   unde val zerukke, Satanat.
du solt anbiten den rainen   got herren altersainen.“
do liez er in da,   di engel dieneten ime sa.
da wart der tievel gescendet,   da mit si diu rede verendet.

44, 1 D *fette Initiale* G.   uns gelîchte deste baz Ki.
45, 1 *keine fette Initiale* G.
46, 1 *keine fette Initiale* G.
47, 1 D *fette Initiale* G.   6 en serig G.   7 gůt : můt G.   9 liht G.
48, 1 D *fette Initiale* G.

49 Nu gebe uns got die sinne,   daz wir fur bringen G. 8ra
von unserem herren Christe,   wie er nach der toufe stifte
ein ander christenhait,   di wuohs sit und ist nu brait.
zuo zim chom alerste   Andreas der herste.
Johannes stabat,   den gotes sun er sten sah,
er sprach: „ecce agnus dei“   zuo sinen jungern zwein,
daz er daz lamp wære,   daz der werlte sunde næme.

50 Beide giengen si ime nach,   der gotes sun umbe sach.
er fragete, waz si suohten;   si sprachen, sin wonunge, ob ers geruohte.
er hiez si nach ime gen,   er liez si iz sehen und versten.
daz was diu zehent hora,   do chom der guot Andrea.

51 An deme anderen tage,   alse ich vernomen habe,
do chom der guote Petrus,   den brahte Andreas.
do er zuo got gie,   wie wol er in enphie!
er sprach: „du bist sun Johanna“:   do offent sich iesa,
daz er ein tube ware   und der sun der obristen genade.

52 Do gie unser hailant   ze Galilee in daz lant.
da vant er einen guot man,   Philippus geheizzen;
der brahte von Betsaida   einen waren Israhelita.
nu sprichet ein gramaticus,   iz wære Bartholomeus.
alse er zuo got gie,   vil wol er in enphie. G. 8rb
er sprach, daz er ane valsc wære   und an guotem gelouben sæhe.

53 Do gie er uf bi deme mere,   do merete sich sin here.
do vant er Zebedeum   unde sin zwene sun,
Jacobum unde Johannem,   zwen guotmanne.
si volgeten ouch Christe,   der ein wart ewangeliste.

54 Darnach chom Thomas,   der sit ein zwivelære was.
der brahte den anderen Jacobum,   er was Christes muomen sun.
Symon brahte Judam,   selbe ladete er Matheum ewangelistam.
er machete mit chrefte   grozze wirtscefte.

49, 1 N *fette Initiale* G.   3 berait G.
50, 1 *keine fette Initiale* G.
51, 1 *keine fette Initiale* G.   hab G.   2 andreas sus G.   *Auch* Ki. *streicht* sus   5 der (sun) Pi.: er G. : ein Ho.
52, 1 *keine fette Initiale* G.   2 einer G.   2b *so* Ki.: geheizzen philippus san G.   4 *vgl.* Schr. *ZfdA. 66, 171*   6 an v. G.   6b Ki. *ergänzt* in.
53, 1 *keine fette Initiale* G.   3 guot manne G.: *vgl.* Ki. *zur Stelle.*
54, 1 *keine fette Initiale* G.

da sah man ze ware   vil manigen sundare.
daz niden di glissenære   unde di scribære.
si sprachen, daz iz Christ wære   ein friunt der sundære.

55 Der da chom zeleste,   der was niht der beste,
der was der ermiste man,   von deme ich ie vernam.
daz was Judas Scariotis,   ir sult des sin gewis.
er sah diu gotis guote,   er mohte sin gemuote
zuo ime niht cheren,   er hazete sinen herren.
in ime huob sich michel nit: sinen scepher verriet er sit.

56 Do waren di zwelf herren,   di mit gote waren,
jungern di sinen,   daz heilige ingesinde. G. 8va
dar zuo erwelte waren   zwen unde sibenzich herren,
die man an manigen enden   solte fursenden
ze chastellen und ze burgen,   swa ir durft wurde,
swa got bredigen wolte,   daz si daz chunden solten.

57 Uber ein jar nach siner toufe   da wart er ze einer brutloufte
geladen unde die junger sin: di heten luzelen win.
do sprach diu guote,   des hailandes muoter:
„vil lieber sun min,   hie ist verzert der win
ze dirre wirtscefte: nu erzaige din gotlich chrefte.“

58 Do sprach der wandels vrie   zuo Sante Marien:
„wip, hore her zuo mir,   waz gehort daz zuo mir oder zuo dir?
hernach chumet diu zit,   wiltu merchen, guot wip,
daz ich vil wol erzaige dir,   waz ich han von dir.“

59 Do hiez si di dienestman   ir sune wesen undertan.
da stunden sehs chruge stainin,   di fulten si al gemaine,
si guzzen dar in wazzer: gotes gewalt vestete er,
wan ez wart der beste win,   der nehainer mohte sin.

55, 1 *keine fette Initiale* G.   3 sult den sîn G.   5 er heizet G. : er heizet ⟨in⟩ sinen Ho. : er hazet Ki.

56, 1 D *fette Initiale* G.   3 erwelten G.   5 durf G.

57, 1 *keine fette Initiale* G.   4 svne G.

58, 1 *keine fette Initiale* G.   *„Reimglättung durch Überarbeiter“* Lgth.; *zum Verständnis der Stelle vgl.* Ki. *ZfdA. 74, 298.*

59, 1 *keine fette Initiale* G.   2 staínein G.   gemain G.   3 vester G. : vestete er Ki.

60 An dem ahtoden tage, als wir iz vernomen haben,
do gieng er an einen berch hohen, da erzeigete er sin scone
gotlich, mit sinen drin jungeren, di er von den andern wolte besunderen. G. 8vb
daz ain was Petrus, daz ander Johannes unde Jacobus.
si sahen da vil michel wunne, sin antluze wart liehter danne di sunne,
sin gewæte wizzer danne der sne, des nesahen si niht e.

61 Under diu mit in was Moyses unde Helyas.
si horten hie nidene ein stimme von himele
vil willechlichen zuo deme sun, er hież daz wir vernæmen in.
Peter bat den gotes sun da, daz er warhte driu tabernacula.

62 Dar nam der gotesun zuo ime sine junger,
er sprach: „wir suln varn ze Jerusalem, da iz allez sol ergen,
daz uns die wissagen chunten in ir tagen.
da git man der magede sun den haiden unde den Juden. V. 117ra Di. 239
vil sere si in villent, si marterent in vil grimme.
nach maniger not so lidet er den tot.
dar nach an dem triten tage so erstet er von deme grabe."

63 Diu rede was in ze tief, si neverstunten ir niet,
iedoch dahten si derzuo, du nahten si Jericho.
bi dem wege saz ein plinter man, vil lute er ruofen began.
er sprach: „fili Davit, nu wis du mir genadich."

64 Die da vur fuoren, die hiezen in horen.
sumiliche in stouten, vil harte si im drouten. G. 9ra
si baten in swigen, si sprachen, sin ruofen mahte niemen erliden.

65 Do si in sweigten iemere, so ruoft er lutere:
„fili Davit, erbarme dich uber minen lip!"
do er zuo ime quam, vil wol er in vernam.
er hiez daz er ime sagete, wes er gebeten habete.

60, 1 *keine fette Initiale* G. In der ahtoden wochen *oder* Dannen uber acht wochen *Bury* 2 gienge G. auf einen Ho. : an P.
61, 1 *keine fette Initiale* G.
62, 1 *keine fette Initiale* G. sun : iungerun Bay. 4 *Mit* git *beginnt* V. *wieder* des menschen svn G. d.h. vñ den dieten. G. 5 uiltent V., *verb. von* Di. ín mít g. G. 6 manichvaltiger n. G.
63, 1 si v^s^stunden sich i.n. G. niht V. 2 sí ín i. G. 3 lůte V. 4 da|uid V. Er sprach ihesu dauidis chínt. Mache mich gesehnde ich bín blínt. G.
64, 1 uur fŏren V. 2 Sumlîch gestů̂nden. G. instnovten V., *verb. von* Di. *unter Verweis auf* 98,1 3 si sprachen *fehlt* G.
65, 1 So G. swegten V. so rief er ie lůter vñ mêr. G. 2 F. dauit nu sich. G. dauid V. min lip V. vber mich G. 3 im chome V. 4 ime (!) V.

do sprach der plint bi dem wege: „herre, daz ich gesehe!“
unser herre lobte daz, daz er des scazes niene bat.
er sprach: „din geloube ernert dich, nu gench her naher unde gesich Di. 240
hinnen vur mere an dem libe unde an der sele!“

66 Daz ich iu sage daz ist war, ein burch hiez Samaria,
dar chom er muoder gegangen, er saz uber einen brunnen.
die boten giengen in die burch, si wurfen des in was durft.
do chom ein wip gegangen, si wolt scephen den brunnen.
si nemoht es niht gedenchen, er bat si ime des brunnen gescenchen.
nach vil manegen worten, als ich sagen horte,
du saget er ir daz er was der chunftige Messias.

67 Do chomen sine jungere, si begunden sich wunderen,
waz er so genote mit dem wibe chosote.
niht langer si da nesaz, si lie da ligen daz brunnevaz.
vil drate si danne lief, hei wie lute si rief: G. 9rb

68 „Nu nesumet iuch langer nieht! iu ist chomen ein lieht.
vor der burch ist ein man, der sagete mir allez daz ich han getan.
durch sine guote tet er daz, daz er daz tet sunder laz.
er lerte mich vil scone von sexte unze none. V. 117rb
nu wizzet daz iz war ist, ez ist der heilige Christ.“
si sagete rehte daz er was der chunftige Messias.

65, 5 Der blint sp^a^ch h^s^re ich vlêhe . daz ich zehant gesêhe G. 6 Daz lobt vnser trehtín. G. schatzes niht enbat ín G. 7 gelovb ernêrt G. : g. hat ern. V. g. hín vñ sfhe G. gesich V. 8 uůr V. an libe. vñ an sele. G. r

66, 1 D *fette Initiale auch* G. heizzet G. 2 *statt dessen in* G.: Dar chom vnse. herre. zv eínem brunne hêre. G. 3 Di íunger G. Si wurfen írn notdurft. G 4 vñ w. s. des br. G. seephen V. 5 Er bat sí ím des brunne schenchen. sí mohten sín niht gedenchen. G. 6 manigem wôrte G. 7 *nach* 68, 6 *hergestellt von* Ki.: ir daz. daz er was chunf-|tige m. V.; daz erz was. de chumftig messyas. G.

67, 1 sín íunger G. síe nam des grozzes wunder G. 2 chôsôte Ki.: geredet | hete V.: chôste G. 3 Niht: *Initiale* V. da saz G. si liez da nider d. b. G. 4 heya wie sí G.

68, 1 *keine Initiale* V., G. Nu sŏmet evch niht. G. nih langer! iu (!) ist ch. V.: vns íst ch. eín míchel l. G. 2 saget V. sagt mír waz ich G. 3b *fehlt* V.; Ki. *setzt hier eine Lücke in der Überlieferung an.* 4 Erlêrt mich schône. G. vntz hintz n. G. 5 er ist der uil h.ch. G. 6 Si sag ín reh G.

69 Do si daz wip vernamen,   si ilten dare gahen.
sie enphiengen in mit eren,   si begunden in vlegen,   Di. 241
daz er durch sine guote   ein luzel da getwalte.
da was der heilige Criste   rehte zweir tage friste.
vil wol er si lerte,   die burch er al becherte.

70 Do wolte unser herre   ze der heidenscefte cheren.
do chom er ze zwein burgen,   der hiez einiu Tyri unde Sydon.
dannen uz lief ein wip,   vil lute si ime nach rief: G. 9va
„fili Davit,   nu wis mir genadich!
min tohter ist beheftet   mit micheler uncrefte.“

71 Unser herre iz uberhorte,   die zwelf poten in noten,
daz er umbe sahe   unde des wibes pete vername.
er sprach: „ich nebin niht gesendet   ze den haidenisken enden,
sunder ich chom umbe daz   daz daz israheliske liut da verlorn was!“
innen diu daz wip vur in gie,   an dem wege si vur in viel.
si sprach: „fili Davit,   erbarme dich uber mich vil armez wip!“

72 Er sprach: „Daz nist niwiht guot,   daz man daz prot
neme den chinden   unde werfe iz den hunden.“
des antwurte im daz wip sa: „herre, du hast vil war;
iedoch chomen ze helfe   die broseme den welfen,
die von des herren tiske quement,   die hungerigen hunde si nement.“
ze sinen vuozen si sich pot,   si chlagete im weinunde ir not.
do sprach der heilige Crist: „owi wip, michel din geloube ist.   Di. 242
also du wellest so gescehe dir,   getrostet var du vone mir
in allem dinem sere,   daz newerre dir niemer mere!“

69, 1 si begunden dar g. G. 2 sie e. (!) V. mít mínnē G. beg. an ín gedingen G. : phelegen V. : phlegen Pi. : vlêhen Ki. 3 getwalte Ki. (*nach* 107, 1) : getaete V. : gedæhte G. : gerûte *Schröder* (*nach* Ki.) 4 zeweir V. 5 di stat er alle b. G. becheret V.

70, 1 D *fette Initiale auch* G. Do wol vnser. vnser herre. zv̂ der heidenischen diet ch. G. 2 ze *fehlt* V. heiz V. di hiezzen tyrus vñ s. G. burgun (-on): Sydon Bay*(er)* 3 Danne eín wîp lief. G. lief : rief Wes., Bay.; Ki. *folgt* V. *gegen* Wes. 4 Si sp[a]ch f. d. G. dauid V. nu *fehlt* G.

71, 1 *keine Initiale* V., G. hôrt G. zewelf V. sín ſunger ín n. G. 2 pete V. : rede G. 3 ich bín níht G. 4 Sunder bin ich chom̄ durch daz. durch daz vol (!) daz v[s]lôrn was. G. 4b durch daz isra-|heliske l[e]ut daz da uerlorn was. V. 5 uûr in lief V.: fv̂r gieze fvzzen sí ím viel. G. gie : viel Wes. uûr V. 6 s. sp. h[s]re erbarme. dich ub[s] mích arme. G. dauid V.

72, 1 Er sprach *fehlt* V.; Daz *Initiale* V. E. sp. des ist niht nôt G. niuht V. daz heilige brôt G. 2 neim V. Neme von d. ch. G. 3 vil *fehlt* G. 5 hund iz n. G. 6 chlagt im w. sîn n. G. 7 o. w. wie grôz dín glovb G. 8 Als G. 9 sere. gewerre dír G.

73 Die buoch sagent uns sus: ein burch hiez Zesarius,
dar chom er gegangen mit anderen sinen jungeren.
er bat si daz si im sageten, alse si vernomen habeten, G. 9vb
waz die liute redeten umbe den sun des mennisken.

74 „Nu sprechent sumiliche sus, du sist Johannes.
so sprechent sumiliche daz, du sist Elyas.
so sprechent sumliche daz, du sist Jeremias
oder etlicher der wissagen, da vur wellent si dich haben.“

75 Des antwurte in alsus unser herre Jesus: V. 117va
„nu sult ir mir sagen vur waz ir mich welt haben.“
des antwurte ime Petrus, der was ein prelatus:
„vil wol weiz ich, wer du bist, du bist der heilige Crist,
des lebentigen gotes sun, der uns von himele chom.“

76 Do sprach der heilige Crist: „vil salich, Simeon, du bist.
iz nehat dir niht eroffenot neweder fleisk noch pluot,
sunder min vater, der da ist, qui habitat in celis.
noch die helleporten di negestent niht vor dinen worten.
ich bevilhe dir an dem sinne ze losene unde ze bindene.“

77 Er sprach: „in der erde unde in dem himele des nesi dir niht widere.
ich gibe dir die sluzele des himeles, vil gewaltich sis du is alles. Di. 243
ich wil uf dich stiften die christenheit rihten.
du bist der allerbeste, geleit an die gruntfeste,
ein stein wirstu genennet, vil maniger din noch mendet.“

73, 1 D *fette Initiale auch* G. Dei V. alsus G. 2 er mûder g. G. 3 bat daz G. sí íz v. G. uenomen V. 4 Vñ des niht enlíezzen. wen di levt des menschē chint hiezzē. G.

74, 1 sumlich lv̂te. d.s.J. bedv̂te. G. 2/3 Sumlîch haízzet dich helyam. ettlîch ieremiam. G. 4 ettlîchen G. uûr V.

75, 1 Do sprach aber a. G. 2 uûr V. wa fûr wellet ir mich haben. G. 4 ieh (!) V. 5 uns chom uon himele V.: vns von hímel chom G.; *Umstellung auch* Di., Pi.

76, 1 criste (!) V. symon vil sælig du bist. G. 2 Ez hat G. geoffenot G. weder dîn f. noch dîn b. G. 3 7 (= et) qui G. 4 der helle porte G. dine *fehlt* G. niht *fehlt* G. Ki. *stellt Z.* 4 *hinter* 77, 2 5 beuilehe V. Ich enphilhe dir zedînen sínnen. G. dir an (!) V. zerlôsen G. ze bindene *fehlt* V. zerbínden G.

77, 1 Er *bis* unde *fehlt* V. Er sprach *fehlt* G. da ensî d. G. 2 himiles (!) V. sist V. sistv sîn a. G. 3 er sprach ich w. V. ûf V. berihten G. 5 genenet V. sich dín G.

78 Do ladet in ein siech man, er hiez in bitten, G. 10ra
daz er durch sine guote in von der miselsuhte nerte.
do er in daz hus quam unde er ezzen began,
in dem selben muose chom dar ze huse
ein suntigez wip, alse iz an der rede chwit

79 Si brahte ir salbe, si gie Christes halbe.
si gie hinder im zuo, nider chnite si duo.
si weinote vil suoze an die gotes vuoze.
mit trahenen si si badete, mit der salben salbete.
mit ir vahse si sie wiskte, vil lieblichen si si chuste.

80 Ich weiz ins der bedahte, der in dar brahte.
er dahte in sinem muote: ware dirre guote
ein rehter prophete, alse ich gedaht hete,
er rechante daz wip, ir was vil suntich der lip.
er sprach daz si ware ein gemeiniu sundare.

81 Do sprach Christ ze dem manne vone sinen gedanchen:
„hor, here Symeon, du solt ein urteile tuon. G. 10rb
nu waren zwene arme man die solten scaz gelten,
der eine besundert der solt vif hundert,
der ander dar engegene sibinstunt zehene.
do verliez er in die sculde, daz si ime waren holde, Di. 244
durch vil michel minne die selben phenninge.
nu sage du mir, Simeon, zeige dinen wistuom,
weder den herren solte minnen mere.“

78, 1 *wohl* man : bittan Bay. *Z.* 1 *und* 2 *fehlen* G. 2 michel suhte V. : miselsuhte Di. *Anm., dem mit Blick auf Marc. 14, 3 zu folgen ist* 3 Do *Initiale* V. 4a mushûs G. 5 chut V.

79, 1 *keine Initiale* V., G. 2 chi-|nite V., chniet G. 3b si bôt sich zegotis fûzzen. G. 4b *fehlt* V. salben ⟨si si⟩ s. Di. 5 Mit dem har sís w. G. liblîch G.

80, 1 *keine Initiale* V. Des *(mit fetter Initiale)* dínstes nínder gedahte. Symon der ín d. b. G. 2 gedaht G. 3 propheta V. gedahte hete V., *ebenso* G. 4 erchande wol d. w. G. ír ist sundich G. 5 si *fehlt* V. daz sí zeware G. eín sundærínne wære. G. sundarin V. ware: sundare *oder* wari: sundarin Ki.

81, 1 D *fette Initiale auch* G. 1b *fehlt* G. 2 hore her symon danne. G. vrteil mælden G. 3 zewene V. zwên man solden gelden. G. (*alles übrige fehlt* G.) 4 Der eín sold besunder. phenninge funfhundert. G.; ⟨phenninge⟩ ui⟨n⟩f h. Di. 5 Der and[s] solt nîwan fumftzich. symon wie duncht dich. G. 6 liez G. 7 Durch grozz m. G. 8 Nu zaige dînen wîst^{v}m. vñ sage mír symon. G. 9 Wederre G., Di. m. verrer G.

82 Er sprach: „so ich verstein mach, dem er mere vergap."
do sprach got ze der stunde: „du hast sin reht vunden. V. 117vb
ich chom hiute her ze dir, noch so wazer gabe du mir,
des du hast genuoge daz ich min fuozze dwuoche;
aver dwuoch si si mit dem brunnen, der ir von deme herzen was ensprungen.
si wiskte si mit ir hare, daz ziuhet ze der grozen minne ze ware.

83 Do ich hiute her in din hus gie unde ich zuo dem muose gephie,
daz ist dir selbem wol chunt, du nechuste mir niht minen munt;
ave chuste si mine vuoze, daz ziuhet ze der merre suoze.

84 Do ich hiute hie gesaz du negabe du mir daz olevaz,
daz ich ze note min houbet gesalbote.
ave daz wip, di du sihest unde si sundich haizest,
diu brahte ir salben reine gehalden.
si salbete mine fuoze, der stanch wart so suoze, G. 10va
daz ervullet wart daz hus, vil guot stanch gie dar uz."

85 Do bliht er uf an daz wip, do sprach der ewige lip:
„nu wis tu, wip, enbunten von allen dinen sunten! Di. 245
durch dine minne so laz ich dich varen hinnen
ane dine sunde, nu var in gotes munde!"

86 Swa er hine cherte, die tumben er lerte,
die armen er troste, die behaften er loste.
er half der wazersuhte, die chrumben er rihte.
er entsloz die touben oren, er lie si wol horen.
die miselsuhtigen er nerte, daz si in neterte.
er hiez die stummen sprechen, er temperote die frechen.
er hiez den vergihtigen gan, sin bette in sin hus tragen.

82, 1 *keine Initiale* V., G. ich mich verstan m. dem er da mer vergeben hat. G. 2 zeden stunden G. iz reht er funden G. 3 noch | sa V. iesa wazzer gæb d. m. G. noch *zu streichen?* Di. *Anm.* noch sô w. Ki. 4 Des hastu genůch. G. 4b *fehlt* V. f. twůch Di. 5 duoch V. Si twch mír aber m. dem brunne. G. auer si duoch si? Di. den b. V. der von G. 6 Si wissche sí mit dem har. da mit erzaiget si mir di mínne gar. G.

83, 1 hern in hus V. her *fehlt* G. ich daz ezzen angevie. G. 2 selber G. chust niht G. 3 Sichuste mír aber m. f. da mít erzeiget si ab[s] di mínne svezze. G. ze mêre s. ? Ki.

84, 3 di dv da s. G. 4 behalden G. 5 so *fehlt* V. der smach was so s. G. 6 stanch V. : waz G.

85, 1 ůf V. 2 Nv wis tohter e. G. 3 durcn di m. G. dich hínne G. 4 ane di s. G. alle d. s. H*(aupt)*, *dagegen* Di. nu *fehlt* G.

86, 1 tunben V. 2 arm G. 4 er e. der t. G. gehoren G. 5 ím níne terten G. tertte V. 6 temperte V. : gesenftet G. 7 di v[s]gihten g. ir b. ín ir h. t. G.

87 Do chom der unser hailant   in ein unchundiz lant.
diu liute namen diu chindelin,   si brahten si an unseren trahtin.
du betragtes die alten,   si hiezen die vorderen gehalten.
vil harte sis bedroz,   in wart vil manich widerstoz.
do enphieng si Crist mit minnen,   er hiez si dare zuo bringen.
vil holtlichen er si ane sach,   vil minnechlichen er in zuo sprach.
er sprach, daz si waren   die erben der himelisken gnaden.

88 Do chom er iesa   in ein chastel, daz hiez Bethania.   V. 118ra, G. 10vb
da enphiengen in inne   zwi wip mit guotem sinne.
diu eine hiez Martha,   diu ander Maria.   Di. 246
sich hete Marie   geledeget unde gefriet.
si saz suoze   zuo den gotes fuozen.
vil gerne si horte,   swaz er guotes lerte.

89 Martha gie umbe   den gesten dienende.
geteilet was der ir sin,   iedoch gestunt si bi im.
si sprach: ,,min vil liebe,   mir nehilfet niemen dienen.
ich han michel sorgen   von dem abent unz an den morgen.
nu gebiut du Marien,   daz si mir helfe dienen.“

90 Do sprach der heilige Christ: ,,vil noturft daz dienest ist,
iedoch hat din swester   erwelt daz allerbeste.“
Martha danne giench,   ze deme dienest si viench.
unze unser herre da saz,   Maria da mit im was.

91 Die heiligen zwelfpoten   eines tages giengen si mit gote.
da sahen si ein blinden man,   ir einer fragen began,
von welcher gewurhte   der selbe blint wurte.

87, 1 D *fette Initiale auch* G.   der *fehlt* G.   2 brahtens fur v. t. G.   3 Do betragte si G.   si h. si di w^s^den behalten. G.   4 V. h. sín sív verdrôz. G.   5 enphingen V. : enphie G. : enphieng Di. *Anm.*   mínne G.   dar bringen G.   6 si *bis* er *fehlt* V.   sach G.

88, 1 D *fette Initiale auch* G.   chastel heizzet b. G.   3 di ander hiez maria. G.   *nach* 4 a *fehlt Reimpunkt* V. : sich hete M. geledeget / unde gefr. Pi. : Maria sich hêt. erlediget v. g. G.   Marie : gefriêt He.; Maria *(ohne Reimpunk')* V.   5 uíl sv̂zze G.   *nach* gotes *ist* lerte *durchgestrichen* V.   6 b des sûzzen gotis wôrte. G.

89, 1 *keine Initiale, aber Großbuchstabe* V.   alumbe G.   2 in V., G : im Ki.   3 Si sp. herre mín v. lieb. G.   4 Von dem abnt vntz anden morgē han ich michel sorgen. G.

90, 3 danæ V.   geviench G.   4 Di wîl vnser h^s^re G.

91, 1 D *fette Initiale auch* G.   heligen zw-|elf poten V.   2 eínen G.   eíner ín v. G.   3 welher geburde G.   blínde G.

du sprach der heilige Christ: „ich sage iu rehte waz iz ist.
iz nist von sinen sunden   noch von sinem chunne.
diu gotes werch hie in erde   suln von ime geougent werden.“   G. 11ra

92 Do er dar zuo quam,   sine speichelen er nam,
dar zuo nam er erde,   er temperote si werde.
er streich iz dem blinden   uber diu ougen an der tingen.   Di. 247
er hiez in ze Syloe gan,   wasken siniu ougen.
er sprach: „du solt gesehen   unde solt is iemer gote jehen.“

93 Daz was vil sciere getan,   gesehende wart der selbe man.
duo iz diu liute gesahen,   vil harte si erquamen.
si fragten in genote,   von wiu er sin gesiune hete.

94 Do sprach der gesehende: „ich bin sin got jehende.
hie vur fuor ein man,   ein hor er temperen began,
fure miniu ougen er iz streich,   diu blintheit mir entweich.
er hiez mich iz abe wasken ze aineme se,   ich nesah niht e.
er gab mir miniu ougen,   ich wil an in gelouben.“

95 Do iz die Juden gehorten,   si fragten in gnote,   V. 118rb, G. 11rb
vone weme er des jahe,   daz er so wol gesahe.
du sprach der petelare,   daz er is got jahe:
„Jesus Nazarenus,   der gebot iz alsus,
daz ich daz lieht sahe   unde ich is got jahe.
dem bin ich iemer jehende,   daz ich wart gesehende.“

96 Do chomen si den friunden zuo,   vil harte notigoten si sie duo,
ob der betelare   vone geburte blint ware.
si sprachen ze ware,   daz er blint geborn wære,
si newessen ave nieht,   von wem er habet daz lieht.

91, 5 von sîner sunde G.   6 en êrden G.   geougent Ki. : gelŏbet (t *auf radiertem* n?) V. : gelobt G.

92, 1 zv ím q^{a}m G.   Sín speichel G.   2 er tempert sî der vil w^{s}rde. G.   3 tínnen G.   4 s. o. san G.   gan : ougan Bay.   5 iz V.   sîn ímm^{s} got beiehen. G.

93, 2 ersahen G.   si begund'e zv ím gahen. G.   3 von wem er daz gesihen h. G.   *vielleicht* sin *zu str. (vgl. 97, 2)* Ki.

94, 1 b *fehlt* V.   2 uůr V.   eín erde er G.   3 mír sa e. G.   4 michs a. w. zedē sê G.   engesach G. : nesach V.

95, 1 D *Initiale ganz verwischt oder nicht eingetragen* V.   Do daz di ſ. hôrten. G.   3 is V. : sîn G.   iehend wære G.   *Z.* 4–5 *fehlen* G.   6 iemer *bis* ich *fehlt* V.   immer iehent Di., *so* G., iehente Pi.

96, 1 vil hart sí ín n. d. G.   2 Ob er betelære. G.   3 ia zeware G.   geborn *fehlt* V.   4 Sîn enwesse aber G.   niht V.   er nu hiete d. l. G.

97 Do giengen si ime aver zuo, si notegoten in duo,
daz er in rehte sagete, vone weme er gesiune habete.
du sprach der arm man, vil lute er brahten began: Di. 248
„Jesus Nazarenus der gebot iz alsus.
ich was ein betelare, welt ir iz nu horen.
lop dir, heiliger Christ, du der uns von gote chomen bist,
daz ich han miniu ougen, ich wil an dich gelouben."

98 Vil harte si in stouten, den friunten si drouten.
si taten im daz ze leide, si namen im die gemeinde.
si wurfen in uz ze der straze, si newolten in darinne niht lazen.

99 Do er von dem wege quam, wie lute er brahten began!
wie harte er si geneizte, vil lute er si reizte.
er zoh iz allez zeren Christ, sime herren. G. 11va

100 Do chom der heilige Christ, der der armen trost ist.
er fragte den armen man, war umbe er wære uz getan.
er sprach: „ich was hie bevor ein plint, daz puzte mir ein guot chint.
Jesus Nazarenus der gebot iz alsus.
durh daz ahten si min, iedoch pin ich iemer der scalch sin."

101 Do sprach der heilige Christ: „waist du noch, wer er ist,
ob du in gesæhest, du sin junger wærest?"
hin naher trat der arm man, vor liebe er weinen began:
„wie gerne ich in gesæhe, daz ich ime verjahe!"
„nu giench her nach mir, vil wol gezeige ich in dir:
nu wizest daz iz war ist, mit dir choset der iz ist."
der plint da ze wege gie, fur got er nider viel.
er bette in mit herzen, er lobte in mit sinen werchen. Di. 249
vil guotlichen er in ane sach, er volget im iemere nach.

97, 1 vñ notigeten G. 2 er daz liht h. G. 3 lûte V. der arm mit twange wes mût ír mich so lange . Ich han evz hevt chunt getan. vil vast er do rûfen began. G. 4 Er sprach i. n. G. 5 nu welt ír hôren daz mære. G. 6 Lop sí der heilig ch. G. du *fehlt* G. bechomen ist G. 7 an ín g. G.

98, 1 ín ensnevten G. si do d. G. 2 gemaíne G. 3 uz der str. V., G.: ze der str. Ki. darine V., daran G.

99, 1 b *fehlt* V. *Z.* 2 *fehlt* G. geneizite V. 3 er zû! iz V. : Er zoh íz G.; er zug iz Di.; er zûg iz Pi.

100, 3 bevor plínt G. : bevor ein plint man V. bûzzt G. gût chínt G. : gut man (*am Anfang von* m *ein radiertes* c (?)) V. 4 der V. : er G. 5 æhtent G. iedoch *fehlt* G. ich bín doch ímm^s G. der schalch sîn G., Di., Pi. : salich sin V.

101, 2 daz du sín G. 4 Er sp^a^ch wie G. sæhe G. 5 naher z^v^ mír G. vil *fehlt* G. 6 Nv wizze G. der mít dir redet der ist is. G. 7 fûr V. 8 Er betet ín an von h. G. mit g^v^ten w. G. 9 g^v^tlich G. ſach V. ím ímmer mere G. : iemer mere V.

102 Uber vierzehen tage   vor sinen marterlichen tage
do chom er in Bethaniam: zwei wip erbaten in da,
daz ir bruoder gnas,   der dri tage begraben was.
du iz die Juden vernamen,   vil harte si erquamen. V. 118va
si ilten sich besenden   in allen den enden
die lukkenpropheten,   daz si in verrieten.

103 Do sprach der biskof Cayphas   des daz ambahte was, G. 11vb
er saget in daz in alwar,   iz ware bezzer getan,
daz eine sturbe,   denne daz elliu diu werlt verlorn wurde.
zuo zin chome Pylatus,   der underwunde sich des rates.
den gesprach Judas,   der sin chamerare was.
er sprach, ob si in wolten mieten,   daz er in in verriete.
du puten si ime ze minnen   drizech phenninge.
du verriet er sinen herren,   des enkalt er vil sere.

104 Du was unser herre gegen   in eine burch diu hiez Effrem.
da entwalt er siben tage,   du zogte er sich aver dane.
do chom er widere in Bethaniam,   do emphiengen in Maria unde Martha.

105 Do er ze dem inpize gesaz,   Maria braht ein olevaz.
mit dem heren balsamum   salbete si den gotesun,
die vuoze unde daz houbet,   si het in gegarwet an den tot.

106 Daz pemurmelote Judas,   der sin lagære was. Di. 250
er sprach: „pezzer ware,   daz man iz den armen gabe."
du sprach der heilige Christ: „Maria, wie guot din werch ist,
daz du ane mir hast getan,   des solt du iemer lop han
in allen den enden,   swa man mine martyr iemer erchennet."

---

102 *Z.* 1 *fehlt* G., *str. Grimm*   vierzehen *Bury* : vierzec V.   2 Darnach *(mit fetter Initiale)* G.   betania G.   enbaten G.   3 vier t. G.   4 Do daz di i. erhôrten. G.; gehoten V.: vernâmen Wes., Ki.   6 luglîchen G.   verriehten V., *verb. von* Di. *unter Verweis auf* 98, 1.

103, 1 biskolf V.   ampt daz iar was G.   2 *statt dessen in* G.: Daz iz wære b. g. daz der aín man.   daz ial war V.; in alawâr Ki.   3 Also eín ersturbe. denn ellív div werlde v[s]durbe. G.   daz ⟨der ain man also⟩ eine st. Di. *mit* G.   4 Zv ím G. quâme Ki. : chom V., G.   der V., G. : unde Ki.   underwunde Ki. : under want V., G.   6 in in *fehlt* V.   7 Si buten ím G.   8 er sît vil G.

104, 1 *keine Initiale* V., *aber fette Initiale* G.   Do wold v. h. gên. G.   gegen = gegân *od.* gegangen Di. *Anm.*   diu *fehlt* G.   2 duo zogte er sich a. dane Ki. : du zegie er sich a. sa V. : do zaigt er sich aber da. G.   3 wider zebethanía G.   enphiench G.

105, 2 salbet V., G.   dem g. G.   3 sîn h. G.   gegerwet ín G.

106, 1 bemurmelet G.   2 Er sp. daz íz b. w. G.   4 lôn G.   5 da man m. m. bechennet. G.

107 Da getwalt er die naht unze an den anderen tach.
du sante unser herre sine jungere zwene, G. 12ra
daz si ime eine eselinne brahten, si legeten dar uf ir gewate.
„ob iemen da widere si, so sprechet ir da bi,
ir bedurfte der herre, daz saget ir in ze ware.“

108 Do saz er uf die eselin, mit ir lief daz jungedi.
du reit er ze Jerusalem, sine jungeren hiez er mit im gen.
diu menege was grozlich, der antvanch was vile wunnechlich.
die da nach fuoren, daz gotes lop si huoben.
di da vure fuoren, daz selbe lop si huoben.
si sprachen al geliche: „gesegenot sistu, chint Davides!“

109 Die iz da vor wessen, die brachen ab dem boume die este.
an den wech si sie legeten, dem esele si strouten.
di diu zwei nehaten, die wurfen ir gewate.
si enphiengen in mit eren, den cheiser aller herren. V. 118vb
si sprachen al geliche: „lop si dir, Christ der riche!“

110 Do gie der gotesun ze Jerusalem in daz templum.
do heten si zir leide dar in gefuoret veile Di. 251
beidiu rinder unde scaf, vil gar zewarf er in daz.
er sluoch si allez dar uz, die tuben hiez er tragen uz.
er sprach, daz iz ware ein hol der scachære. G. 12rb
du hiez er iz reinen, er chot, er wolt iz haben eine.
den tach was er dar inne, du enthielt er einen blinden.

111 Des anderen tages vil fruo, du brahten si ime ein wip zuo.
die heten si vunden an totlichen sunden.
vil fro si du waren, da si mit ir fuoren.

107, 1 D *fette Initiale auch* G. entwalt G. 2 sîner iunger G. 3 daz si dar vf leîten îr gewête. G. ûf V. gewante V.: gewate Di. *Anm. unter Verweis auf* 109, 3 4 Ob ív da iemen wider sî. so sult ir sprechen dabî. G. 5 bedurfe G. saget ín G. zware V.

108, 1 *statt dessen in* G.: Hín giengen sí mít sínne. vñ brahten di eslínne. Als sí sí do brahten. mít írm gewande sîs bedahten. eselinne V. liuf V. 2 híntz G. sîn íunger G. 3 antvanch vil w. G. 4 darnach G. d. gotes lop G., Di. : daz lop (*nach* daz *ist* selbe *durchgestr.*) V. 5 Didavor giengen. G. uûre V. daz selbe si begiengen. G. 6 siftu V. sîstu ĩ dauidis rîche. G.

109, 1 *keine Initiale in* V., G. Der ez da vor weste . der brach ab di bowm este. G. heste V. 3 zewei V. Der der zwîger niht en hete. der warf sîn gewæte. G. 4 in *fehlt* G.

110, 2 si índer weile G. daz íngefuret G. 3 Beidev schaf uñ rinder. dar ínne liez er iz nínder. G. 4 sl. iz allez dar vz G. allez dar *fehlt* V. 6 chot V.: sp^{a}ch G. 7 du enthie|ler V. : do erlv̂hter eínen G. : do enthielt er Ki.

111, 2 erfunden G. an den t. G. 3 mít ir ^{er}fuoren G.

si wanten daz si mahten,   den wistuom uberbrahten,
ob er si nerte,   daz im diu e daz werte,
unde hiez er si steinon,   so neware niwiht der gotesun.

112 Do giengen si in daz templum,   da vunden si den gotesun.
ze des wibes gesihte   befulhen si im daz gerihte.
si baten in, daz er sagete,   waz diu e habete.
do sprach er durch sine guote,   swer die e habet behuotet,
der solte si steinen,   anders neheiner.

113 Do si daz vernamen,   unwirdlichen si sahen,
fliehen si begunden,   ze den turn si uz drungen.
da nebestunt inne nehain lip   wane Christ unde daz wip.
do screip der gotes werde   mit den vingeren an der erde.
vil lang er nider nihte,   dar nach er uf blihte.
du sprach er ze der gemeinen: „wa sint, die dich wolten steinen?“ Di. 252

114 Do sprach daz suntige wip: „hie nist, herre, nehein lip.“ G. 12va
du sprach daz ewige lieht: „ich verteile din ouch nieht.
nu denche an die sele   unde nesunde niht mere.
ze ware sagen ich iz dir,   dine sunde sint vergeben dir.“

115 Als ich vernomen habe,   vor dem tultlichen tage
du begurte sich der gotesun,   du dwuog er sinen jungeren
die vuoze unde die hende: do wolt er iz allez enden.
in siner heiliger minne   er lerte si du mit tiefeme sinne.

116 Do chniet er vil suozo   vure siner jungeren fuoze. V. 119ra
du sprach Sancte Peter: „du negedwest mir niemer.“
do sprach got der riche: „so negewinnest du niemer tail in minem riche.“
des antwurte ime uberlut   Peter, der sin trut:

111, 6 so were er niht der g. G.   niuht V.

112, 1 Dogiengez ín G.   2 befulehen V.: bewlhen G.   3 bat V.   4 Do *Initiale* V. ê hiet behv̊te G.   5 vñ ander dehainer. G.

113, 1 vernanen (!) V.   vnwerdichlichen G.   2 ze der tůr G.   3 Dar ínne bestv̊nde dehaín l. G.   4 dem vínger vf G.   5 ůf V.   6 zů der gemeín G.; der frouwen gemeine Ki.   wa sínt sí di G.

114, 1 hie en íst deheín l. G.   2 verteil dich ŏch G.   3 gedench an dîn s. G.   me G.   4 sag ich dirz G.   iz diz V., *verb. von* Di.

115, 1 A *fette Initiale auch* G.   ich iz v. G.   von G.   tûtlichen V. : tultlichem G., *von* Lgth. *abgelehnt*   2 b du *fehlt* G.   er twůch s. i. schon. G.   dwo-|g. V.   *wohl* sun: iungerun Bay.   3 Ir fvzze vñ ír h. G.   *vor* die h. *ist* de *durchgestrichen* V.   4 tiefen sínnē G.

116, 1 uûre V.   ze s. ivnger fůzzen. G.   2 h[s]re du entwehst mír sí n. G.   3 Do *Initiale* V.   dehaín teil G.   4 Des G. : der V.   der gotis trůt G.

„mine hende unde min houbet, daz si dir, herre, e erloubet.“
du dwuog er in allen di fuozze nach ein ander.

117 Do iz allez was getan, sin gewate er an sich nam.
do saz er ze muose, begunde mit in chosen:
„under iu ist ein man, der mich hat verraten.“ G. 12vb
die herren alle erquamen, si dahten wer er ware.

118 Do wincten si einem chinde, deme guoten Johannem, Di. 253
er linete uf sinen brusten, sin minne was feste,
daz er in erfuore, welher iz ware.
do sprach der heilige Christ: „under iu zwelven er ist.
dem ich piute daz prot, der hat mir gegarwet den tot.“

119 Du Judas der diep von den anderen sciet,
do netwalt got nieht, du geberhtelot er daz obrist lieht.
du lerte si Christ dar inne von siner heiligen minne.

120 Dar nach wihte er daz prot, den einleven er iz pot,
er sprach: „dize ist warez min fleisk, dar zuo gecreftige iuch der heilige geist,
daz ir disiu tougen vil rehte geloubet,
unde daz ir iz chundet allen minen chinden,
so wit so diu werlt ist, daz iz vure iuch gegeben ist.“

121 Do nam der unser heilant den kelich an die hant.
er sprach: „dize scult ir trinchen unte sult sin miner gehugede gedenchen G. 13ra
daz iz min pluot ist, daz vure die sunde der werlte gegeben ist.“

116, 5 e *fehlt* G. 6 dẘger V. *so* Di. : di fuozze *fehlt* V.: allen. dí fvzze ane schalle. G.

117, 1 *keine Initiale* V., G. sin wat er aber an G. 2 er beg. G. 3 man. der uil vbel hat getan. Der hat mich verraten. swie wol ich in getæte. G. *wohl* man : verratan Bay. 4 Si erchom̄ alle zeware. sí gedahten G.

118, 1 eînem manne G. den gûtem sande Johanne. G. 2 Der leínte v̊f sîner bruste. G. waren veste G. 5 mir beraittet G.

119, 1 *keine Initiale* V., *aber fette Initiale* G. geschiet G. 2 niht V. *Z.* 2 *fehlt* G. *wohl* geberehtot Di. *Anm.*

120, 1 gesegnt er d. b. G. er daz gebôt G. 2 ditz ist mîn warez fl. G. fle-|sk V. chreftig evch christ G. 4 Vn̄ bit ivch iz chunden. G. 5 uûre V. : durch G.

121, 1 der *fehlt* G. chelch indi h. G. 2 *vor* ir *ist* isin miner gehugede *durchgestrichen* V. isin m. *(das erste* i *radiert?)* V. sín ín min[s] G., Di. *Anm.* (*oder* is in m.) : *ohne* in Ki. 3 uûre V. fv̂r der w[e]lde sunde g. G.

122 Do sprach der unser trehtin   zuo den jungeren sin:
„iz ist ein wile daz ir mich sehet   unde daz ir min chume verjehet.
darnach nesehet ir min nieht,   so wirt becheret iuwer lieht,
so sehet ir mich denne,   vil churzlich ist iz denne, Di. 254
so var ich offenliche   in mines vater riche.
so nefraget mich niemen denne   war ich varen welle."

123 Philippus von Bethsayda   der antwurte ime sa, V. 119rb
daz er vile gerne sahe   wer der vater ware.
er sprach trurlichen: „du fragest chintlichen.
ich unde der vater min   vil ungesceiden sul wir sin.
ich pin in ime unde er in mir,   vil wol geloube du iz mir."

124 „Ir birt mine vriunte,   ob ir tuot dei ich gebiute.
der scalch nemach wizen niet,   waz deme herren si liep.
durch daz nenne ich iuch vriunt min,   wande ich iu chunt sol sin."

125 Zuo zin choset aver got: „iz nist nehein merre gebot,
denne daz ir iuch underminnet,   also ich iuch han geminnet.
doch nist nehein merre minne   vone wibe noch vone manne,
danne man durch sines vriuntes not   den lip gebe in den tot.
daz han ich durch iuch getan,   daz sult ir vor iuweren ougen han." G. 13rb

126 Do sprach unser herre: „der scalch nist niht mere
denne sin herre ist   von deme er gesendet ist.
daz ich hinet han getan,   daz sult ir iemmer mer began
mit gehugede miner minne,   so wahsent iu di hailigen sinne.
so erslagen wirt der hirte,   so zesprenget sich daz corter.
miniu vil lieben chindelin,   ich nesol niht langer mit iu sin.
ein niuwez gebot daz gib ich iu,   daz diu minne si under iu, Di. 255
daz man erchenne da bi,   daz ir min jungere welt sin."

122, 1 Do sp. iz vnser G.   thretin V.   2 vñ dar zů mîn G.   uerhet V.   3 ir mich niht. so wir verchêrt ſwer G.   niht V.   4 mich aber d. G.

123, 1 ſm iesa G.   2 Daz er vil G.: er *fehlt* V.   wen er zevat[s] iæhe. G.   2 trowrichlîchē G.   5 v. w. soltv daz gelovben m. G.

124, 1 Ir sît G.   t. daz ich ev g. G.   2 Der chneht enmach gewizzen niht G.   niht V.   sî leit oder lîp G.   3 Da durch heiz ich ſvch G.   daz ich ev sol chunt sîn. G.

125, 1 Nu zin Di.; Pi. *liest* Hu *und schreibt* Nu; Do sprach ſz aber G.   deheſn grozz[s] g. G.   2 ir ouch mi-|nnet V. : iuch m. Di. *Anm.* : ſr an eſnand[s] mſnnet G. : iuch underminnet Ki. *nach* 126, 7 *und* 217, 8   als G.   3 noch uąne V.   4 Denn daz man durch fr. G.

126, 3b *fehlt* V.   4 Der g. G.   gehuņgede V.   5b sich div schafhêrte G.   6 Mſniv liebiv ch. ich sol n. l. G.   7 mnnne (!) V.   8 ſvnger G.

127 Do sazen die herren   vil trurich si waren.
Sancte Peter gehiez,   des er niwiht war neliez,
er wolt an der erde   mit im leben oder sterben:
„mich nelezzet is nehein not,   ich pin garwer in den tot.“

128 Got saget im alse iz was,   er sprach: „hinet riteret dich Satana
alsam weize,   daz solt tu wol wizen.
nu la din vermezzen dich sin,   drie stunte verlougenest du min,
e der han hinat crage,   daz sag ich dir ze ware.“

129 Uf stunt unser herre Jesus,   er sprach zuo zin: „eamus!“
du was iz vile spate,   do gieng er an den berch Oliveti
mit drin sinen jungeren,   die nam er besundere.
do gieng er alterseine,   so man mach gewerfen mit einem steine.

130 Sin houbet er neigte,   sin brode sich erzeigte G. 13va
mit michelem sere   dem oberisten herren.
do ran dem gotes werden   der sweiz an die erde, V. 119va
der was pluotvarwe,   erpleichet al garwe:
„herre vater, min got,   nu sol ich liden den tot.
maht iz iemer sus sin,   daz genaren diu chint min!
vil willeg ist der geist,   unchreftich ist daz fleisk.
unde swie iz umbe min not si,   alse du wellest, so muoze iz sin.“

131 Hine widere gie der heilant,   die boten er slafende vant. Di. 256
er sprach: „Peter, trut min,   du newil niht wachende sin
eine luzel wile;   wie harte si ilent,
die mich gebent sciere   in die hende der sundare.“

127, 1 Di herren alle zeware / vil trôwriges hertzen waren G.   2 Sant p. ím g. G. niuht V.   niht warliez G.   3 vf der erden G.   4 enletzet sîn cheín n. G.   garrewer V.

128, 1 Dot *(am Rand kleines* g *vorgeschrieben)* V.   er sprach *fehlt* G.   rîttert G. : ritetet V.   dich *zweimal* V.   *Z.* 2 *fehlt* G.   3 dristund G.   4 chrâge Ki. : craige V.

129, 1 *keine Initiale, aber Großbuchstabe* V.   sp. zeden sínen G.   4 Vñ g. G.   gew. mag G.

130, 1 *keine Initiale, aber Großbuchstabe* V.   genaiget G.   breode V., *dazu vgl.* Ki. *ZfdA. 74, 304*   erzaiget G.   2 dem (!) V.   3 erden G.   4 plůt uare V.   er was erblichen algar. G.   5 den *fehlt* V.   6 gesîn G.   daz doch g. G.   7 vil unchr. G.

131, 1 *keine Initiale, aber Großbuchstabe* V., *fette Initiale* G.   di ívnger er slaffen vant. G.   slavende V.   3 Eín weníg wîle. sich wie vast si îlent. G.

von dem selben warte erchomen si harte.

132 Dannen huoben si sich sament, mit in gie der heilant.
da was michel truren, si chomen de torrente Cedron.
da was ein garte, dar ilten si harte.
mit stangen unt mit fakelen da viengen si den gotesun.
mit in lief Judas, der der wirsiste was.
maister er in nante, daz man in dabi bechante.
er chuste sinen herren, des engalt er vil sere.
du sprach unser herre Jesus: „friunt, wie chumest du alsus?“

133 Do fragte der gotesun die Juden, wen si suohten.
si sprachen: „Jesum Nazarenum.“ er sprach: „en ego sum.“
von dem selben warte erchomen si so harte G. 14ra
daz si zerukke vielen, des erholten si sich sciere.
do viengen si im die hende mit vestem gebende,
under diu ougen si spiren, owi, wie lute si scriren!
si taten im ubele stozze, slege vil grozze. Di. 257
do wolt er durch unsich horen manegen itewiz bosen.
si wanten iz warin wol ergen, si fuorten in ze Jerusalem.

134 Iz was ferre nahtes, si huoten ir rehtes.
si heten viur gemachet, da was daz dinch gescafet.
si heten iz verscrannet, mit rigelen versperret.
si vuorten in in den vrithof, da suohten si den biscof.

135 Do fuorten si den guoten gebundenen zuo der gluote.
da stunten genuoge, die habeten iz ze huohe,
daz si den gebunden sahen gan, der so groziu zeichen habe getan.

131, 5 sí vil h. G. *nach Z. 5 in* V., G. *folgender Einschub (vgl.* Ki., *ZfdA. 74, S. 25* dannen huben si sich sciere. (schier do. si waren vil unvro. G.) / do fragter sun. (fraget der g. sun. di selben zwelf íunger. G. 13 vb) / wie manic swet (! hieten. (swert G.) / si (!) sprachen daz si zewi heten. (si sprachen hie sínt stete. G.) / des genûcte den gûten; (Johannes vñ Jacob. vil wol ín des genu dem guoten Ki.); Bay. *nimmt Lücke nach* sciere *an, erg. nach* gotes sun ⟨di zwelf iungerun⟩ *und folgt von* Johannes *ab der* Hs. G.

132, 1 sament V.: ensamt G. 2 híntz torrentē G. 3 si vil harte. Di íuden daz v^{s}nam̄. vil balde si dar quam̄. G., Lgth. 4b den gotes sun sí da viengen. G. 5 gie ívdas. der ír vor wîser was. G. 6 erchante G. encalt V. 8 sus G.

133, 2 en *fehlt* G. 3 sí vil h. G. 5 Si v. ím G. 6 si ím spîten G. lût si schrîten. G. 7 vñ manig sleg grôzze. G. 8 vns G. 9 ez sol ím wol ergên G.

134, 1 *keine Initiale, aber Großbuchstabe* V. 3 hêten sich v^{s}schranchet. G.

135, 1 gebunden G. 2 stûnten V. Da stûnd manich man. den des wunder nam. G. 3 het G.: habete Di. *Anm.*

136 Ime was heiz unde kalt,   siniu wizze waren manichvalt. V. 119vb
si fragten unseren herren   von siner jungeren lere.
si sprachen daz si daz ze nide wolten haben,   daz sie azen ungedwagen,
und daz er sich vermaze   in dem sale da er saze,
ob si iz zestorten,   er wolt iz aver zimberon.
daz sprach der vil wise   von sinem libe
ob er von in ersturbe,   daz er aver lebentich wurde. G. 14rb

137 Danach vil unlange   chom sin trut Peter gegangen.
Johannes in in liez,   daz in niemen danne nestiez.
do wart is ein wip geware,   vil lute rief si dare,
daz er ir einer ware,   den si mit ime sahe.
des lougenote er do,   daz wip ruoft im aber zuo.
si sprach: „ei, disen galileiscen man,   den sah man mit im gan. Di. 258
er nelougen es nie so harte,   er was in dem garten,
da man sinen maister fie,   ich sah, wa er mit im gie."

138 Iz wart ime sit ein wize,   do lougenot er mit flize.
im nescah nie so leide,   do lougenote er mit eiden.
daz was diu drite stunde,   sin herre sah umbe.
vil guotlichen er sach,   niweht er im zuo sprach.
der hane iesa crate,   Peter sich verdahte,
waz er habete getan,   do ilt er weinende danne gan.
mit biterme sere   so chlaget er iz iemer mere.

139 Swaz von dem ersten zide   vone manne ode von wibe
guoter liute vure gie,   vil luzel unsich daz verfie,
unze got sinen sun sande   ze den ellenden landen. G. 14va
die ubelen iz verholn was,   mit der gedulte er umbegurtet was.
swaz so ie sunden   von den ersten stunden
von iemen was getan,   daz muose allez uber in gan.

136, 1 sín witz G. 2 íunger G. 3 spr. daz nide V. Sí wolden daz zenide habn. G. 4 unde V. vermaz G. saz G. 5 in zest. G. ín wider z. G. 6 Do sp. G. wan von G.

137, 1 D *fette Initiale auch* G. Danaz V. Darnach vnl. G. sine V. 2 dannē st. G. 3 w. sín eín G. lůte V. rufft G. 4 da er V. si da mit G. im V. 5 Des lǒgent der herre. daz er sîn vnschuldich wære. Daz er des niht en̦iæhe. daz er ín íe gesæhe. Daz wip r. im a. zuo. vil sere lovgent er dů. G., Lgth. 5b *fehlt* V. 6 ei *fehlt* G. sach V. 7 Erlovgent nie soharte. G. 8 sach V.

138, 1 *keine Initiale, aber Großbuchstabe* V. Er lougnt ab^{s} m. fl. iz wart ím sit eín weitze. G. 2 im nesach V. : Im geschah G.; gescach Di. *Anm.* d. lougent e. m. dem eide. G. 3 der sach G. 4 gutlîch G. sach V. niuweht V. niht er G. 5 sari G. bedahte G. 6 habet V. wenende V. dane V. 7 bitteren G. do chl. G.

139, 1 den êrsten zîten G. zite V. von mannē od^{s} von wîben G. 2 vns G. 3 sante V. dem e. lande G. 4 ih V. : ez G.: iz Di. 6 Do was g. G.

140 Sie cholten in die naht unze an den tach.
do hiezen si in binden, si ilten in senden
dem biscof unde den graven, die da geweltich waren.
do wolte unser herre dennoch liden mere.
si hiezen den wisen villen mit den risen, V. 120ra Di. 259
mit durninen besemen sluogen sie den gotesun.

141 Ingressus Pylatus, den gotesun fragt er sus:
„sag mir von dinen tugenden, bistu chunic der Juden?
und ob du der gotesun sist, so sih daz du mich iz niene verswigest.“
unser herre swigte aver do, Pilatus sprach im aver zuo:
„war umbe swigestu nu? ich mag tir scaden oder frum, G. 14vb
dines todes, vil gewaltich bin ich des.“

142 Do sprach unser herre: „dines gewaltes nist niht mere
wan der dir geben ist durch der mennisken genist,
durch daz chom ich ze ware in den gewalt der sundare.“

143 Dannen gie der grave, er newolt in niemer fragen.
er sprach ze den husgenozzen, ob si in wolten lazzen.
er sprach an der stunde, daz er neheine sache an im funde,
an der er sahe, daz er des todes wert ware:
„ich han zwene scachman, der eine heizet Barrabas.
der sult ir einen nemen unde sult in der hochzite geben.“
si sprachen alle: „Barraban“, der solt daz leben han.
den vorderoten si ze dem libe, Jesum ze dem tode.

144 An den stunden ruofen si begunden.
si sprachen, swer in liezze, der nesolt sin niht geniezzen.
si sprachen algemeine, er tæte wider dem cheiser. Di. 260
si begunden lute scrien: „tolle, tolle, crucifige eum!“

140, 1 den schonen t. G. 2 heizen V. pinten V. 3 Den bisschofen vñ den G. biscolf V. 5 dem rîse G. 6 turninen V. 6b sl. si daz vnser leben. G. *wohl* besemun : sun Bay.

141, 1 *keine Initiale, aber Großbuchstabe* V., *fette Initiale* G. Do chom gegangen p. G. 3 sich V. dů m. V. michs niht v. G. 4 u. h. sp^a^ch niht do. G. 5a nu *fehlt* G. 5b dir frum̄ od^s^ schaden nv G. frumen V. : frumn Ki. 6 Dínes lebens oder dînes todes. G., Lgth. ich sîn alles G.

142, 1 ist G. nich V. 2 Wan G. : war V. gegeben G.

143, 1 D *fette Initiale auch* G. 3 deheín sache funde G. scache V., *verb. von* Di. ane im V. 5 I *Großbuchstabe* V., *keine fette Initiale* G. sachman V. : schachman G. der haizzet eíner b. G. Barrabas Ki. : barraban V., G. 7 der *fehlt* G. 8 J. zv dem tode. Sibegunden schrîen vil l^v^te. ním ín. ním ín. chrevtz ín hevte. G.

144, 1 selben st. G. rŏfen V. 2 wer G. der solt G. 3 alle gemaín G. den ch. G. 4 scrien! si sprachen tolle V. tolle *fehlt* G. crucifige *zweimal* G. Ki. *erwägt:* scrîgen : crucifîge.

145 Als er daz gehorte, daz si im drouten,
do sprach Pylatus, wand er ein gelihsenare was,
er hiez in dar geben, er sprach, er wolte vertragen, G. 15ra
swaz so si im taten, daz er darane sculde nehate.

146 Do waten si den guoten in einen phellel roten.
in sine hant eine roren si taten im also einem toren.
uf sin houbet die crone die truog er vil scone.
vil wasse was si durnin, durch unsich laid iz min trahtin.
vil harte si sich frouten, vur in si nider chniten.
si gruozten in vil ubele, si sprachen: ,,heil wistu, chunich der Juden!"

147 Des nist nehein lougen, si verbunden im siniu ougen. V. 120rb
si zugen in an die straze, da riche unde arme sazen.
mit michelem huohe vil harte si in sluogen.
si hiezen in wissagen, wer in hete geslagen.

148 Die unsaligen liute die warhten ein criuce,
da si den guoten vil grimme an ertoten.
daz holz lach ze ware in einem wiare.
do si iz gewarhten, do legeten si iz uf den gotesun.

149 Do hete er uber sich genomen danne uns die sunde waren co
von dem erstem wibe in dem paradyse.
an dem holze huop sich der tot, an dem holze geviel er got lo Di. 261
do truog er iz iesa an einen berch, heizet Calvaria. G. 15rb
mit im truog iz Symeon, er habet es luzelen lon.

150 Daz criuce si gestahten, sine hende si im gerahten.
da wurden vier nagele durch Cristen geslagene;

145, 1 *keine Initiale, aber Großbuchstabe* V. erhôrte G. 3 geben Ki. : gan V. : gên G. 4 suas V. Swaz sí G. daz er des deheín sch. hête. G., *das* Ki. *erwägt* sulde V. ne-|heti V.
146, 1 vazten si G. eín phellín G. 2 als G. 2b *bezieht* Ki. *ἀπὸ κοινοῦ* 3 Si sazten ím ůf eín chrôn. G. trǒg V. 4 wæhsse sí was d. G. vns trug sí m. tr. G. si sp. gegruzt wis du ch. G.
147, 1 ím dív o. G. 2 da arm vñ rîche s. G. 3 wffen. vñ mit grozzem růfen. Vil hart sí ín blowen daz musten di lůte schowen. G. si in (!) V. 4 vñ hiezzen G.
148, 1 *keine Initiale, aber Großbuchstabe* V. 2 Dar an sí d. g. mit gr. mohtē ertôten. G. crimme V. 4 vf vnsern træhtin. G. gewarhtun : gotesun Bay.
149, 3 tot. an dem holtz da tot ín got. G. 4 vf e. b. hiez G. hicz-|et V. 5 er ha | betes V. : er het sîn aber lutzel G.; *dazu vgl.* Ki. *ZfdA. 74, 306, der erwägt, ob die Negation verloren ist.*
150, 1 D *fette Initiale auch* G. stahten G. sí ín rahten G. 2 wrden drînagel G. christ G.

durch sine hende, daz laid er durch unser sunde;
durch die fuoze sine, daz wolt er durch unsich liden,
itewize genuoge mit michelem huohe.
vil harte frouten si sich, si sprachen: „nu stich
abe dem criuce, so geloube wir dir.“

151 Do sprach er daz in durste, daz vernamen die fursten. G. 15va
neheines leides si nebedroz: ich wane man zesamene goz
ezzich und gallen, dar zuo rieten si alle.
daz man iz im scancte unde in damit trancte,
iz war in lait oder liep, er newolte sin niet.
do heten si in gehangen inzwiscen zwein scachmannen.
der eine hin ze ime sprach, siner sunden er jach:
„nu gehuge min, herre miner, so du chumest in din riche!“
er sprach: „ze ware sage ich dir, du bist hiute in paradyso mit samt mir.“

152 Do sprach der ander scachman: „diu rede was ubel getan.
mohte er iemer frum wesen, so wære er selbe genesen.“
des antwurte ime sare der guot scachære:
„swaz so ich lide, daz ist umbe min sunde.
daz er lidet den tot, des netwinget in nehein not
wan sin einvaltigiu guote durch des menscen note.“

153 Daz pluot von Abele daz ruofte in di hohe
rache ane sineme bruoder, iz negestilte niemer,
unze uns der niu Adam sines vater hulde gewan,
daz er daz bluot an die erde liez, als er Abrahame gehiez.
daz bluot ruofte iemer mere: „nu wis genadich, herre.“ Di. 262

154 Under daz criuce was gegangen sin muoter unde Sante Johannes. G. 15vb
do sprach der gotes sun ze Sante Mariun:
„sih, wip, dize ist din sun!“ daz maint er an sich selben,

150, 3 si¹nde V. 4 Vñ ǒch durch d. f. sîn G. vns G. 5 ⟨si teten im⟩ i. g. Ki. m. m. wffen. G. 6 sí sich des G. *statt* 6b–7 *in* G.: sí spr. gínch her ab. si fli' d'i es, *dem* Lgth. *zustimmt.* cruce: „*i-haltige Aussprache statt altem e*“ Bay. *Zu dem Reim vgl.* Ki. *zu* 148, 1 (= vs. 1587/8).

151, 2 sí verdrôz G. 3 daz zů V. 4 daz iz im | scancte V.; Daz man ímz schanchte. G. 5 I *Großbuchstabe* V., *keine fette Initiale* G. sîn trínchen niht G. niht V. 6 inzwiscen Ki. : zwiscen G.; inzw. zweín scach *fehlt* V. 7 êr ver iach G. 8 Gedench mîn lieber herre mîn. G. ín daz rich dîn G. 9 sage iz dir V. mít mír G.

152 *Die Strophe fehlt* V.; Ki. *hält sie für interpoliert.* 3 sarí G.

153, 1 rûfet G. 2 ane (!) V. brǒder V. engestillet G. 4 als erz a. G. geheiz V. 5 rǒfte V., rûft G.

154, 1 *fette Initiale auch* G. Under G. : Ander V. chom g. G. mût (!) V. 2 zv sîner mut[s] s. M. G. Mariûn Bay., *dagegen* He. : maRien V. 3 sich wip d. i. d. sûn wip! V.

daz er daz chorder ware, daz er von ir name.
diu gotheit was der angel, den verslant der alt slange.
ime wart da gare gelonot, dar wurgete der ewige tot. V. 120va
Hin ze dem jungeren er sich cherte, den er geminnet hete:
„sih, dize ist min muoter“, do bevalch er die guoten
Sante Johanne, si beidiu ein andere.

155 Do huob er ain stimme, do lert er uns die viande minnen.
er sprach: „nu vergip in, herre vater got, si newizzen waz si tuont.“
zeiner sexte daz ergie, daz man in an den galgen hie.
da vaht er in agone daz chamf unze an die none.
do wart gesceiden der strit, do gesigte ims an der lip.
er sprach: „iz ist al verendot.“ do gieng iz an den tot.
do gesciet sin heiligiu sele von dem liplichen sere.
durch unsich leid er die not, nu sehet, wie ir im sin lonot!

156 Owi, Maria Magdalena, wie gestunte du ie da,
da du dinen herren guoten sahe hangen unde bluoten,
unde du sahe an sinem libe di gestochen wunden!
wie mohtest du vertragen die laitlichen chlage G. 16ra
siner trut muoter Sancte Marien der guoten! Di. 263
wie manigen zaher si gaben ze dem selben male
diniu chiusken ougen, min vil liebiu frouwe,
do du sus sahe handelon din unsculdigen sun,
do man in marterote also sere daz fleisk daz er von dir genomen hete!

157 Owi, Josep der guote, do du minen herren abe dem criuce huobe!
hete ich do gelebet, ich hete dir vaste zuo gechlebet
ze der bivilde here mines vil lieben herren.

154, 4 chorter V. 6 da erwrget ín der G. wårgete V., wůrgete Di. 7 H *Großbuchstabe* V., *keine fette Initiale* G. ívnger G. chêrt G. 8 sich V. ist dîn m. G. 9 Sancto G. Jo-|anne V. an eín ander G.

155, 1 damít lêrt e. G. lerte uns V. 2 ín vat^{e} gůt G. enw. niht waz si G. wa si tont V. 3 Zeder G. chanf V. den champh G. 5 ims an der l. Ki. : uns der l. V. : gesigt vns der ewige l. G. : dô ges⟨e⟩igte um⟨e⟩ d. l. He. 6 allez G. 7 schiet G. dem (!) V. dem lîchnamen s. G. 8 vns G. lonon V., *verb. von* Di.

156, 1 *fette Initiale auch* G. Owi G. : Swi V. gestonte V. ie vor dem sere (da *fehlt*) G. 2 da dir dinen V. dínen hertzen g. G. gŏten V. 3b di (!) V. di durchstochen sîten. G. 4 mahtestv íz v. G. leidichlîchen G. 5 Síner můter sande Marîen. der hêren vñ der vrîen. G. *Vor Z. 6 „ein ganzes Reimpaar verloren“* Ki. 7 m. v. liebív frowe. G., Di. *Anm.*, Sche. : min vil lieben frouwen V. min^{s} Ki. 8 Du du sahe sus h. G. unsuldigen V. vnschuldigz chindelîn G. 9 man marteret G., Sche.

157, 1 *fette Initiale auch* G. Owi G. : Swi V. do *fehlt* G. du got ab G. minnen h. ab V. in *statt* minen herren ? Sche. 2 dir zv G.

158 Owi, Nychodemus, wane moht ich dir etewaz
liebes erbieten ze lone unde ze mieten,
daz du in abe huobe unde in so scone begruobe!

159 Do got daz gewan darumb er her in werlt quam,
do liez er sinen lichnamen zuo der erde begraben.
die ze der erde worden waren, daz in die emphiengen, G. 16rb
daz was also geordenot, diu erde was geheiligot.

160 Do er do zwene tage geruowet in dem grabe,
in der friste do zestorte er die helleveste.
er vuor mit lewen chreften, die grintel muosen bresten.
die gaiste ungehiure di sprachen in dem viure,
wer der wære, der so gewaltichlichen quæme:
„er bringet uns ein michel lieht, er newonet hie mit uns nieht.
neheine sunde habete er getan, er nemach hie niht bestan.“

161 An der stunde do gesigt er an dem helle hunde.
sine chiwen er im brach, vil michel leit ime da gescach. V. 120vb
ich weiz, er in bant mit siner zeswen hant.
er warf in an den hellegrunt, er leit ime einen bouch in sinen munt, Di. 264
daz dem selben gule allezane offen stunte daz mule,
swer durch sine sunde chome in sine slunden,
daz der freisliche hunt niht geluchen mege den munt,
daz er in durch bihte unde durch buoze sines undanches muozze lazen.

158, 1 *fette Initiale auch* G. Owi G. : Swi V. Nichodeme G. wane *fehlt* G. dir ze lieb wêrden G. *nach* etewaz *fehlt Reimpunkt* V. dir ⟨alsus⟩ / etewaz Sche. 2 *statt dessen in* G.: Zelon vñ zemíeten. wie gerne ich iz tæte. 3 habe hůbe V. begrǒbe V.

159, 1 daz *fehlt* V. got allez daz g. G., Di. dar umber h. (!) V. er ín dise G. 2 ín-di erde G. 3 zv erde G. warden w. V.: worden w. G., Di. 4 daz also g. V.

160, 1 er zwên G. zewe|ne V. gerǒwet V. 2 der selben v. G., Di. do *fehlt* G. er der h. G. 3 crefte G. 4 Di geiste índem fîwre di sprachen vngehiwre G. uůre V. 5 Si sprahen wer da w. G. gewaltich G. 6 niht V. 7 hat G. er mag G.

161, 1 *keine Initiale, aber Großbuchstabe* V. sælben st. G. do *fehlt* G. 2 Sîn chíwe er ím durchbrach G. gescach V., *vgl.* Di. *Anm. S. 71* 3 Ich wæn er G. síner gewaltiger h. G. 4 ín ander h. G. grůnt V. ím eínen zol ín G. 5 allezane *fehlt* G. 6 durch die s. G. sînen slunde G. 7 niht mug gelovchen sînē m. G. 8 in *fehlt* G. 8b *fehlt* V.

162 Do newolte er niwiht vermiden,   do chert er sich ze den sinen,
die in der vinster waren,   ein niuz lieht si sahen.
vil harte frouten si sich des,   si sprachen: „advenisti desiderabilis!“

163 Er sprach: „min erbarmede mich neliez,   ich tæte also ich iu gehiez. G. 16va
ich han durch iuwere not   erliten einen grimmechlichen tot.
die mich habent geminnet,   di wil ich fuoren hinnen.
swer hiute hie bestat,   des newirt niemer nehein rat
in desme hellesere,   des negewise ich niemer mere.“

164 Do fuort er si alle   mit herege von der helle.
er gab in allen geliche   wider sin riche,
die si von sculden heten verlorn;   do was gestillet sin zorn.

165 Wol du heiliger wistuom,   wislichez hertuom,
obristiu magencraft,   himeliskiu herscaft,
dizze werch was gehalten   diner guote unde dinem gewalte,
daz du in so guoten   erchuktest von den toten! Di. 265

166 Do erstunt er von dem tode   mit libe unt mit sele.
die des grabes huoten   die wurten also die toten, G. 16vb
duo diu sele unde diu gotheit   widere genam die mennescheit.
in die burch si liefen,   si sageten unde riefen
ein forhtlich mære,   daz er erstanden wære.
duo buten si in ze mieten   silber unde golt daz rote,
daz si in verholne   sageten verstolnen,
daz si des vaste jæhen,   daz in die jungeren da næmen.

167 An der Juden sampztage   die frouwen sazzen bi deme grabe.
Maria Magdalene   diu betete unze none.

162, 1 D *fette Initiale auch* G. niuht V. 1b do *fehlt* G. er chert sich gegen den s. G. 3 si sichs G.

163, 1 E *fette Initiale auch* G. bærínde mich niht enliez G. geheiz V. 2 einen herwen t. G. crimmechlichen V. 3 von hínne G. 4 nímm[s] rat G. 5 den gewîsich G. grwise V.

164, 1 herege (!) V., her G. 2 sínív G.

165, 1 *fette Initiale auch* G. Uol V.: Wol dir h. G. 3 ditze V. behalten G.

166, 1 dem tode G., Wes., Ki. : den toten V. *nach Z.* 1 *in* G.: Den dier erlôste. vñ vns allen zetrôste.; Ki. *hält diese Zusatzverse für vielleicht echt; sie wären hinter* 165, 4 *zu stellen.* 2 D *fette Initiale* G. alsdi G. 3 nam G. mennesheit V. 5 frôlich m. G. er erestanden V.; daz erest. Di. 6 zemíete G. unde *fehlt* G. 7 uerstoln V.: „*als* verstolnen *aufzufassen*“ Ki. sagten sîn v[s]stoln. G. 8 iahen V. ivnger G.

167, 1 *keine Initiale, aber Großbuchstabe* V., *fette Initiale* G. deme (!) V. 2 magdalena V. beite Ki. : bette V. : betet vntz zenône G.

duo daz osterzit fure wart,   duo gie si an den marcht.
si choufte bigmenten,   si wolte ir herren salben. V. 121ra
mit heizen trahen tet si daz,   vil chume gelebete si die naht.

168 Nu wil ich iu zellen   die iz vernemen wellen,
wer die waren,   di mit ir giengen.
daz selbe was Maria   Magdalena, G. 17ra
die dir unser herre hailant   erloste mit siner gewalt
von den ubelen gaisten,   ir chlage was allermaiste.
daz ander was Maria,   des heilandes niftela,
diu Ysacchares tohter,   Jacobes muoter.
daz drite was Salme: si chomen ensamet ze dem re. Di. 266

169 Do stunten, ahtoten   frouwen die guoten,
wie si den michelen stein   mahten gewelzen in ein,
daz si dannen quæmen,   daz si die Juden niene sæhen.

170 Do funden si da sizen   ein engel wizen
mit liehtem gewate,   si sahen ouch ein roten.
ir antluze scein scone,   vil harte si des erchomen.

171 Der engel sprach ze den wiben: „ir nedurfet niht zwivelen.
den ir welt salben,   der ist hie erstanden.
ir nesult iz niht verdagen,   ir sult iz Peter sagen
und anderen sin jungeren,   daz si niene zwivelen, G. 17rb
daz iz also ergangen ist,   so iz iu vil diche vorsaget ist.“

172 ⟨D⟩ie frouwen giengen dannen,   die boten si besanten.
si sageten in diu mære,   daz er erstanden ware:
„uns chunten die engele   die gotes urstende!“
die boten iz gerne horten,   vil chume si iz geloupten.

167, 3 fůre V.   marchet V. : marchât Sche.   4 choften V.   chouft ein b.? Di. *Anm.* choufte her p. G.   so wolten V.   wolt G.   choufte *und* wolte Sche.   Ki. *stellt die Zeilen um in die Reihenfolge* 2–5–1–3–4.

Str. 168–172 *halten* Sche. *und* Lgth. *für interpoliert.*

168, 2 ir da g. G.   3 *nach* Maria *fehlt Reimpunkt* V.   Daz was Marie magdalene. di vnser hailant ê. G.   4/5 Lost mít sînem gewalt. von den geisten manichvalt. G.   6 níftel da G.   7 Ysacchares Ki. : ysacches V. : ysaacs G.   vñ J. G.   J. swester V., G.: muoter Ki., *dagegen* He.   8 solome G.

169, 1 stv̊nden si vñ ahten G.   *zum fehlenden* und *verweist* Ki. *auf Grimm, Dt. Gram. IV, 248 (des neuen Abdrucks von 1898)*   di reínen vrowen vñ trahten. G.   3 Do si G.   niht en sahen G.   Ki. *stellt Z.* 3 *hinter* 181, 3.

170, 2 liehten G.

171, 1 *keine Initiale, aber Großbuchstabe* V., *fette Initiale* G.   3a Ir sult G.   petern G.   4 niht entzw. G.   5 engangen G.   alsíz ev vor gesaget ist. G.

172, 1 ie: *davor Lücke für Initiale* V.   di ívnger si b. G.   2 daz erestanden V.   3 engel G.   4 Dí ívnger G.   si ínz G.

173 Maria Magdalene diu nebeite niht mere.
daz nelie si durch freise noch durch die nahteise.
si chom ein luzel vor tage hine widere zuo dem grabe.
mit michelen ruochen begunde si in suochen.
vil sere clagete si daz, daz si newesse wa er was.

174 Do stunt si alterseine, si begunde harte weinen.
daz houbet neichte si in daz grap, da ir herre inne lach. Di. 267
die trahene dar in runnen, von ir herze spranch der brunne.
si vorhte, daz ir herre da verstoln ware.

175 Do der morgen uf gie, unser herre in den garten gie. V. 121rb
in dem amer geerzit er ir den lip, er sprach: „waz wainest du, wip
Maria zeruke sach, vil guotlichen er ir zuo sprach.
si want ze ware, iz ware ein gartenare.
si in nante ir herren, si wainote ie mere unde mere.
unser herre sprach ir aver zuo: „wip, waz wainest du nu?“ G. 17va
si sprach: „daz ich waine also sere, daz tuon ich minen herren,
der mir ist hie genomen, ich neweiz war er ist chomen.
mahtu mir sin frume sin, ich gibe dir al die habe min.“

176 Er sprach: „noli flere, nu neweine nie mere!“
Maria er si nante, vil wol si in bechante.
si gestunt im bi, si sprach: „rabboni!“
„nu neruore mich“, sprach er, „niht, ich nechom noch zuo minem vater niht.
du solt den jungeren sagen, daz si niht enchlagen,
Petere unt den anderen, daz ich bin erstanden.
daz si chomen in Galile, dar wil ich fore in gen.“

173, 1 M *fette Initiale auch* G. *Z.* 1 „*interpoliert*“ Sche. magdalene G. : magdalena V. di enbeitet G. : diu ne bette V. 2 naht eise G. : naht egese V. Ki. *erwägt Umstellung der Z.* 2 *hinter* 167, 3 3 chom G., Ki. : chomen V. : chome Sche. 4 michelem G. begunde G., Sche., Ki. : begunden V. 5 chlagete Sche. : clageten V. : chlagt G., Ki. ne wesse G., Sche., Ki. : newessen V.

174, 2 nec-|hte V. naigtes ín G. ír her G.

175, 1 D *fette Initiale auch* G. ůf V. índem G. gṛarten V. 2 den armer gereizt er V. : dem iamer ertzent er G. : geerzit Ki. 3 sach V. v. g. si sprach. G. 4 er wær iz eín G. 5 si | nante ir h. V. : Sínant ír h. G. : „*das* in *von* G. *darf nicht fehlen*“ Ki. (*unter Verweis auf* 176, 2) weínt G. 6 nu *fehlt* G. 8 Der ist mír hie G. 9 mír frum G. alle G.

176, 1 *keine Initiale, aber Großbuchstabe* V. nu *fehlt* G. niht en weín niht mer. G. 2b ze hand si ín erchande. G. 3 Si stund ím nahen bî. si spr. Raboní G.: si spr. ó bone rabi V.; *für die Lesart von* G. Schr. *unter Verweis auf die lat. Osterfeiern ZfdA. 50, 313* 4 Er sp. rv̊re mich niht. G. 6 Petro vñ d. a. sag ín ich sí e. G.

177 Maria iesa danne gie, dar nach er ir wider gie.
zwei wip im wider giengen, die vuoze si im viengen.
si chusten also suoze die wunden an den vuozen.

178 Maria nienerwant, e si di junger vant, G. 17vb Di. 268
sagete in zware, daz er erstanden ware:
„iz sahen miniu ougen, ir sult iz wol gelouben,
surrexit dominus, daz ist: erstanden ist unser herre Jesus.“

179 Zwene sine jungeren huoben sich von den anderen.
der eine was ein alt man, vil harte er gahen began.
daz eine was ain jungelinch, vil harte lief er fur sich.
iedoch muos er biten, der alte gab im gelaite
ze des grabes inverte, daz was Peter der guote hirte.

180 In dem grabe si funden zwei tuoch diu waren sunder gewunden,
daz eine umbe sin houbet, daz hat michel getougen,
daz ander umbe sinen lichnamen: si huoben iz uz dem grabe.
den liuten si iz zeicten, iesa siz geloupten.

181 ⟨We⟩lich wunder mach des iemen haben, daz er restunt von dem grabe,
der Lazaro daz leben gap, der dri tage toter in dem grabe lach;
unde da die einlef herren in dem beslozen huse waren,
wie sin lichnam here in daz hus quæme
ane venster unde ane ture, da stechet ein rigel vure? V. 121va
do sprach unser herre, daz in fride ware.

182 Sin stimme was vil heilichlich, vil harte erchomen si sich.
si wanten ze ware, daz iz ein geist wære.

177: „*interpolierte Strophe*“ Ki. 1 *keine Initiale, aber Großbuchstabe* V., *fette Initiale* (*nach* H., *nicht* Pi.) G. sari G. dane V. 2 geviengen G. ím also G.

178, 1 *keine Initiale, aber Großbuchstabe* V. M. niht erw. G. 2 Si sagt G. er *fehlt* V. 3 In sahen G. sult mír iz g. G. *Z.* 4 *fehlt* G. ⟨erstanden ist⟩ *erg. von* Ki.: *keine Lücke* V.

179, 1 *keine Initiale, aber Großbuchstabe* V., *fette Initiale* G. sîner íunger G. 2 der aín G. harter g. G. 3 Daz ander G. vil vast G. liuf V. 4 galaite (*korrigiert aus* gabo) V. 5 peter vñ d[s] h. G.

180, 1 *keine Initiale, aber Großbuchstabe* V. *Die Strophe steht in* G. *hinter Str.* 181 zewei to-|uch V. z. t. svnder gebunden. G. sundær V. 2 eín G. tǒgen G. 4 siz wol g. G. gelovbeten V.

181, 1 lich: *davor Lücke für Initiale* V. Deheínen man des wunder hab. G. 2 der vier tag ín G. 3b beslozzen índem hûs w. G. *Danach stellt* Ki. *Z.* 169, 3: dâ si danne enquâmen. daz si die iuden nine saehen. 4 bequæme G. 5 da eín r. st. fv̊r. G. uore V.

182, 1 *keine Initiale, aber Großbuchstabe* V. heilch-|lich V. : herlîch G. si *fehlt* V. 2 da iz V.

des antwurte der guote   ir gedanch unde ir muote: G. 18ra
„ja nehat der geist   weder bein noch fleisk.   Di. 269
tuot uf iuweriu ougen, iuweren sin   unde sehet, daz ich iz bin!“
do nezwiveloten si niht,   Thomas was da niht.

183 Unser lieber herre   der rescein in darnach sciere.
er sprach, e si sin wessen,   daz man sprichet an der misse:
„pax vobis!“   als iz gescriben ist.
duo sprach unser herre   zuo dem zwivelare:
„nu gench her naher zuo mir,   ein urchunde gib ich dir.
nu nim dinen vinger   unde lege in in mine wunden,
unde sih iz mit den ougen,   so mahtu iz gelouben.“

184 Do antwurte ime Thomas,   wand er gevestenot was:
„ich geloube iz durch not,   du bist min herre unde min got.“
do sprach unser trahtin,   do meinet er die ellenden chint sin:
„vil salich bistu, Thomas,   wande du mich gesehen hast.
ave di sint vil saliger   die mich geloubent unde mich niene gesahen.‘

185 Do chomen si alle sament   ze Galilee in daz lant,
uf einen berch vil hohen,   da betten si an unseren herren
unde sin heiligin muoter: du erscein in der guote.
er zeicte in sine wunden   in fuozen unde in handen.
er sprach: „mir ist geben widere   der gewalt hie in erde unde in himele. G. 18rb
einen geheiz tuon ich iu,   daz ich wil wonen mit samt iu
die zit der werlt lebenes,   vil gewis sult ir wesen des.“   Di. 270

186 Do er du enden wolde,   du tet er also er solde,
ze muose gie der gotesun   mit sinen lieben jungeren.
do rafste er die herren,   daz si ungeloubich waren.
er sprach: „ir sult mit gewalte   varen in dem lante,
toufen unde bredegen   beidiu den vater unde den sun
unde den heiligen geist,   der geleret iuch aller meist,

182, 5 ovgen vñ sín G.   6 th. der was G.

183, 1 der *fehlt* G.   erscheín ím G.   2 sin Ki. : sith V.   ê sí iz w. G.   5 Nv gínch her thomas z. m. G.   6 unde *fehlt* G.   legen ín mín G.   7 Gesihstu mit der ovgen. G.   íz wol g. G.

184, 1 Do (!) V. : Des G.   antwurhte V.   wan der do gevesten w. G.   2 mine h. V.   3 do manet V. : (do *fehlt*) er er meínt di G.; *vgl.* Ki. *ZfdA. 77, 90*   5 salich V.: sælig[e]. getan. G.   sæliger Ki.   vñ níe gesahn G.   much n. V.

185, 1 D *fette Initiale auch* G.   samt G.   2 bettens unsern G.   3 heiligiu V.: heilig G. : sîne heiligin m. Ki.   4 zaigt G.   fuoze V.; an fuzzen vñ an handen G.; in fuoz und in handen Ki.   5 gegebn G.   hie *fehlt* G.   6 Eín geheizze G. wonen bî iv G.   7 werlde endes G.

186, 1 er íz do G.   alser G.   solte V.   3 raf-|slte V., refset G.   4 ín di l. G.   6 iuwich Ki. (*mit Verweis auf 2164* = 198, 4).

wie ir sult ervullen   mines vater willen.
zehen tage bitet min,   unze sult ir insamet sin,
so sent ich iu ze ware   einen anderen trostære."

187 Do was sin muoter Maria   unde enderiu siniu hiwen. V. 121 vb
er sprach: „ich nelaze iuch niht weisen   in dirre ellenden freisen.
ich chume widere zuo iu,   minen trostgeist gibe ich iu."

188 Do scied er von den herren,   vil trurich si waren. G. 18 va
mit amere sahen sie ime nach,   ein engel in zuo sprach:
„der von iu gevaren ist,   der chumet her widere, daz ist Crist,
ein gewaltiger urtailare,   daz wizet wol ze ware!"

189 Uns saget Ysaias,   welch der antvanch was,
do unser lieber herre   fuor in siner lere
von disseme ellende   ze den himelisken landen:
diẹ engel da waren,   in sinem dienest si fuoren.
neheiner helfe was ime durft niet,   unser herre da von uns sciet. Di. 271
do enphiengen in die lufte,   er fuor in siner gotlichen crefte
ze himele also scone: daz gescah in einer none.

190 In den himelisken choren   da wunderoten sich die engelisken herren,
wer der wære,   der von Edome quæme:
„sin lip ist zebrochen,   sin gewate durchstochen,
besprenget mit bluote,   des wunderote unsich note."

191 Des antwurte in dare   Crist, unser herre:
„nu vernemen algemeine: ein torkelen trat ich eine.
ich han mit minem gewalte   den mennisken gehalten
vone hellichlicheme sere,   ich sag iu ouch mere:
ich han in miner guote   iuch gevestenote.
wider dem tievelichen valle   ich bildote iuch alle G. 18 vb
in miner magencrefte   ze dirre herscefte.

187, 1 ander sîn dierne sa G.   Máriá : hîwunga Ki.   2 ich lazz ivch G.   în ditz ellendes G.   3 chûme V.   trost gib i. ev G.   ieh iu (!) V.

188, 1 D *fette Initiale auch* G.   2 iamer G.   3 çhûmet V.   herwider des sît gewis G.   4 daz sult ir wizzen z. G.

189, 1 weleh V.   2 fur în sîn êre. G.   3 dem himlischen lande G.   4 Diengel di da G.   5 Durf was îm deheîner helfe niht. G.   niht V.   von în sch. G.   6 în gotlîcher chr. G.   7 geschach zenône G.

190, 1 da wundert di himlischen h. G.   di e. çherren V.   2 der da von edom G.   3 gewæt gar d. G.   4 mit dem p. G.   wund^st vns durch nôt G.

191, 1 în sari G.   2 v^snemt alle g. G.   eın presse tr. i. altersaín. G.   3 behalten G.   4 Vor G.   hellichlichime V.   ıv dannoch G.   5 Daz ich în G.   6 gebildet G.   7 hersceft V.

192 Ich nechume iu niht eine, ich bringe iu ein mandunge, diu ist gemeine.
mit iu suln buwen miniu chint, diu noch in ellende sint.
si niezent algeliche mit iu diu himelriche.“

193 Wir lesen von der ascensione, daz si wære frolich unde scone.
mit rehte was si frolich, du der chunich himelisk
den sinen ferchviant mit sigenunfte uberwant, Di. 272
der im sin lant hete beroubet, sin liute vil lange getoubet, V. 122ra
unze er selbe her quam unde ime den roup angewan.
nemuos er du wole frolichen varen in sin riche mit dem selben lichnamen,
den er von der magede enphangen habede;
den er so hete behuot, daz niemer mere menniske netuot,
uber al unde uber al, daz in nie niht bewal,
nemuos er in du mit eren in sin riche fuoren?

194 Rehte tet diu gotheit, do er die arbait erleit,
daz er in an die stat fuorte, die nie menniske negeruorte.
dar umbe sol wip unde man unde swer iht vernemen chan,
mit muote joch mit munde daz gotes lop chunden,
daz der heilige Crist under sinen engelen ist
in dem hohisten himele in eines mennisken bilede. G. 19ra

195 Do die einlef herren gewartoten unsereme herren,
unze in die obristen chore do muosen sie horen.
in die burch si cherten, vil luzel si lerten,
unz er si in siner gnade den heiligen geist liez enphahen.
vil luzel was ir slaf unde ir maz, vil harte temporoten si daz.

192, 1b ev eín gemeín. G. 2 pûwen V. ín dem e. G. 3 alle gelîch G. daz hímelrîch G.

193, 1 W *fette Initiale auch* G. von der ᵛf vert G. daz *fehlt* G. di wær vr. vñ reht G. 2 Si was ovch von reht f. G. der himlische ch. G. 3 ferechu. V. sigennunfte (!) V.: signuft G. 4b sin lant uil l. betůbet V. betavbet G. 5 růp V. 6 Do must er frölîch. varen ín sín rîche. G. *„Reim verderbt“* Lgth., Wes.; Wes. *mit* G.; *dagegen bleibt* Ki. *bei dem „für die Ava durchaus guten Reim“ in* V. 7 Mit dem sælben lîchnamen. den er von d. m. wold enphahen. G. magde : hete V.; magede : habete Wes. wolde hân enphangen Ki. 8 behute V., behuet Di. mensch getᵛt G. 10 Do must er ín wol mit êren. G.

194, 1 erleit *fehlt* V. : do er di arbeit er lait. G., Di. 2 mensch gerurte G. 4 Mit hertzen vñ mít m. G. 5 engel G.

195, 1 D *fette Initiale auch* G. gewarten vnserin G. *nach Z. 2 setzt* Ki. *eine Lücke an; vielleicht ist nur Z. 3 und 4 vertauscht?* 4 si iner gnade V. Vntz sí in sînen genaden. G. geist woldē enphahē G. 4 Lutzel was G.

196 Die trurigen herren   in einem beslozzen huse si waren   Di. 273
durch der Juden forhte,   die e daz mein worhten.
duo sazen die guoten,   sie huoben ir gemuote
mit amer unde mit sere   nach unserme herren.
alle ir sinne   waren gecheret in sine minne.
swigente si sazen,   vil tiefe si dahten,
waz ir herre der guote   mit in geredet hete.

197 In dem zehenten tage,   do er von in was gevaren,
do saz daz ingeside   zwainzech unde zehenzech manne unde wibe
in dem beslozen hus,   ir nechom neheinez dar uz.
des tages an der triten wile   do trost er die sine.
antiquis in temporibus   do chom in der spiritus sanctus.
mit fiurinen zungen   die boten er enzunde.
mit der inneren hize   er brahte in forhte jouch guote gewizzen,   G. 19rb
sterche, rat unde vernunst,   vil creftich was diu anedunst.   V. 122rb
duo got mit sinem wistuome   sinen ellenden wolt lonen,
vil harte erchomen si sich,   iz was blikche und tonere gelich.

198 Do si die gebe enphiengen,   vil drate si uz giengen.
in die burch si cherten,   vil rehte si lerten.
si begunden iesa bridegen   beidiu den vater unde den sun
unde den heiligen geist,   der geleret unsich allermeist.   Di. 274

199 Du iz die liute gesahen,   si ilten dar gahen.
si wanten zware,   daz si trunchen wæren
von dem niuwen wine: got hete gefrout di sine.
do gieng iz in not,   si waren alle verwandelot
von dem niuwen tranche,   daz in got selbe scancte.

196, 1 hv̊s waren G.   3 dí gûte G.   4 iamer G.   sêren G.   6 sahen V.   da heten V. : gedahten G. : dahcten Di.

197, 1 Andem G.   2 hund^{s}t manne. (unde wibe *fehlt*) G.   3 deheíner G.   4 zeder G.   die (!) V.   sînen G.   5 Der alt índen iaren. do chom der heilig geist zeware. Hie chumt der heilig geíst. aller guten dinge volleist. G.   Antiquus dierum *oder* dierum antiquus. do quam in sp. s. Ki.   6 In f. G.   sín íunger er e. G.   enzunte V.   7 e. braht ín wiht vñ witze. G.   forhete V.   8 was sîn andunst G.   9 sînen íungern w. G.   10 vil *fehlt* G.   ward bleczen vñ doner G.

198, 1 gab G.   3 sari G.   beidiu *fehlt* G.   bredegen Di.   4 der uns lert G.

199, 1 *keine Initiale* V., *aber fette Initiale* G.   Do daz G.   ersahen G.   si begunden dar g. G.   3 sînen G.   4 gienghis V.   Do gieng siv sín nôt. G.   5 uon den V.   sancte V.

200 Choson si begunden mit allen zungen. G. 19va
den tach si lerten, swa si hine cherten.
an dem anderen tage, also ich vernomen habe,
du becherten si an der stunt mere denne driu tusunt,
manne unde wibe, got hete gesterchet die sine.

201 Judas der trugenare, sin stul stunt lare.
von dem heiligen geiste daz bequam, daz si vunden einen man,
die selben husgenozze die namen in mit loze.
sin name der hiez Mathias, vone gote er dare erwelt was.

202 Diu zale was ervullet, Sancte Peter daz gebot,
daz si solten ilen, tihten unt scriben,
die cristenheit leren de vita unseres herren.
so si in diu ende wurden gesendet,
daz si solten bredegen daz heilige ewangelium.

203 Do berieten si sich sciere, du erwelten si viere:
daz eine was Lucas, daz ander Marcus,
daz tritte Matheus, daz virde Johannes.

204 Matheus buplicanus der dihtote alsus,
der guote hirte, vone gotes geburte.
er zalt uns vil rehte Cristes geslahte Di. 275
von anegenge unze jungist, er screip liber generationis.

205 Marcus der guote den nam Petrus in sine huote. G. 19vb
von der toufe er uns sagete, vil luzel er verdagete
von unserem herren, swaz traf ze sinen eren.
der wart sit gesehen under den vieren vehen,
der selbe scribare, daz er ein leu ware,
der uns gesagen chunde von gotes urstende.

200, 1 *keine Initiale, aber Großbuchstabe* V. Reden G. alle den G. 3 dem selben t. G. als G. 4 sí zeder st. G. tûsen V. : tv̊sent G. 5 vñ ŏch w. G. sînen G.

201, 1 stunde noch lære G. 2 von den V. daz q^{a}m G. 3 huskenosce V. 4 sine V. nam hiez G. darzv̊ G.

202, 1 ward G. 2 daz *fehlt* G. ilen *fehlt* V. 3 Zv der christenlîcher lêre. daz leben vnsers h. G. 4 gesendent V., *verb. von* Di. 5 di heiligen ewangelie. G. euwangelium V.

203, 2 d^{s} and^{s} G. 3 der dr. Joh'es. d^{s} vierd Math's. G. uirder (!) V.

204, 1 *keine Initiale, aber Großbuchstabe* V., *fette Initiale* G. tihtet G. 4 untz zeíungist G. : iungest V.

205, 1 *keine Initiale, aber Großbuchstabe* V., *fette Initiale* G. 3 swaz er traf von s. G. 4 vier G. 5 er *fehlt* V. lew Ki. 6 vns wol sagen G.

206 Darnach scribet Lucas, von chintheite der maget was.
er vieng an zware von dem toufare.
er wart sit gesehen under den vier vehen, V. 122va
daz er ein rint ware. der uns sagete von dem sere,
wie der waltende got an der werlt wart gemarterot.

207 Johannes apostolus der begundes alsus
von dem angenge unze an daz trum, er screip: in principio erat verbum.
er wart ouch gesehen under den vier vehen,
daz er ein are wære, der ze oberiste fuore.
mit zwain sinen vederen flouch er ze den himelen.
da sah er menegiu wunter, diu screip er besunter.
des muget ir sin vil gewis, er screip ein buoch deist apocalypsis.

208 Si taten iz durch not, si wurden iesa gesunderot.
man sante si in diu ende die heiden bredegende,
allenthalben in diu lant: in gebot daz der heilant, G. 20ra
daz si alle die enphiengen, di an die riwe giengen.

209 Do stunt iz unlange, Peter vuor dannen
in ein burch diu hiez Antyoch, da wart er inne ein biscof. Di. 276
vil wol er da lerte, vil manege er da becherte.
sit wart er dar in Rome ein gewaltiger patrone.

Die sieben Gaben des heiligen Geistes

210 Nu sculen wir bevinden in dirre heiligen gotes minne,
wie sich der geist von der hohe misket in unser brode;
wie er her nider zuo uns gat, alse diu gescephede gestat
an dem libe unde an der sele, daz wellen wir iuch leren.
nu tuot uf diu inneren oren, diu uzeren sulen iz horen.

206, 1 *keine Initiale, aber Großbuchstabe* V., *fette Initiale* G. schreib G. vone V. der V. : er G. 2 uinghan V. tůfare V. 4 trint V. saget G. 5 gewaltig got G. avf der erde w. G.

207, 1 *keine Initiale, aber Großbuchstabe* V., *fette Initiale* G. begund sîn a. G. 2 trume V. 3 Der ward sît g. G. 4 der aller obrist f. G. 6 sach V. 7 daz bůch. Apokalipsis. G. deist (*nicht* de ist!) V.

208, 1 sari G. 2 den haiden G. 3 daz selbe der G.

209, 1 D *fette Initiale auch* G. gestund G. sant peter gie von danne. G. 2 bur^{e}ch hiez G. ínne bísschof G. 3 leret V. manigen G. 4 er în R. G.

210, 1 N *fette Initiale auch* G. 2 in der h. G. 5 ⟨durch⟩ diu u. Ho. sul îr G.

211 Unser fleiskich erde   diu sol getemperot werden
mit dem geiste der forhte,   also er uns vor worhte,
wil er unsich iteniuwen: so leitet er unsich ze der heiligen riuwe.
diu sol uns leren,   wie wir got sulen phlegen.
dannen chomet (uns) diemuot   unde gedigenlichez muot.
wol swigente haben wir den armen geist   alse du, herre, wol weist,
den du unsich lertest,   do du uf den berch mit dinen jungeren cherte

212 Ein gebe vil tiure   diu misket sich zuo unserem fiure.
daz ist geist der guote,   der zuntet unser gemuote,
daz iz uf zuo gote get,   also daz fiur in siner nature gestet. G. 20rb
daz bringet uns froude unde gedingen,   daz wir den nahisten minnen.
dannen loben wir got,   gescihet uns liep oder not,
so haben wir ebendolunge,   dar nach chumt ein hellunge. V. 122vb
so sin wir ze ware   reht miteware. Di. 277

213 So chumt uns daz gewizzede,   daz temperot unser nezzene,
swa si von gote geflozen ist: vil wol gerainet si Crist.
sciencia heizet diu tugent,   diu uns von der gebe chumet.
diu leret uns denne,   daz wir uns rehte bechennen.
dannen chumet uns paciencia,   den vienden vergebe wir iesa.
von der riuwe chumet uns ein nezzene,   diu ist michel bezzer,
daz wir mit den trahenen suoze   wasken gotes fuoze
mit der saligen Marien,   des nescule wir niemer gezwivelen.

214 So chumet uns fortitudo,   – dem lufte vuoget er sich zuo.
swer sich uf wider gote hevet,   wie vaste er in denne wider nider slehet –
er leret uns in allen gahen,   daz wir alle die werlt versmahen.
dannen chumet uns chiuske,   gesterchunge maiste
an dem muote unde an dem libe,   diu heizet rehte underscide.
diu leret uns geren,   des uns got gerne wil geweren,
des ewigen lebennes,   vil hungerich werden wir des.

211, 1 *keine Initiale, vielleicht Großbuchstabe* V.   2 als er vns erste verworht. G. er *fehlt* V.   3 vns G.   vns G.   4 flehen G.   5 chumt di d. G.   dieumůt V. vñ degenlichen g♀t. G.   6 Swîgent G.   7 vns G.   du dů V.   perch chêrtest G.

212, 1 *keine Initiale, aber Großbuchstabe* V.   Sîn gab G.   2 ist der geist G.   zívhet G.   4 minne V.   6 êwige d. G.   eben = *wohl* êwin Di. *Anm.*   do|lunge *Wechsel der Spalte* (!) V.   chum (!) V.   7 So sí wir reht míteware. daz wizzet alle zeware. G.

213, 1 *keine Initiale, aber Großbuchstabe* V.   chum V.   vns danne div gewizzēde. div t. v. nezzede. G.   temperote V.   2 g♀t G.   3 du tugende V. (*vgl.* 221, 2!)   d. v. von got ch. G.   4 erchennen G.   5 sa G.   6 rawe V.   nezzede G.   8 niht zwîvelen G.

214, 1 *keine Initiale, aber Großbuchstabe* V.   2 we uaste V.   danne nider G.   sleht V.   3 wir alle die *zweimal* V.   4 aller meist G.   5 lîbe. so habe wir rehtiv triwe. G.   6 lert vns gêrne G.   got wil G.

215 Dar nach chumet uns der rat: der ist vil salich, der in hat.   G. 20va
der leret uns gehorsamen,   so wir sin willechlichen arm.   Di. 278
von dannen chumet uns gedinge   ze den himelisken dingen.
so chumet uns humilitas,   die bringet uns benignitas.
so scol diu erbarmede von uns gan   uber einen iegelichen man.

216 Dise tugende bringet uns der rat,   unser gehuht der gebe chunde hat.
durch die himele er si fuoret,   so si nach gote cheret.
so suln in die suochen,   von swem er sin ruochet.
in den himelisken choren   der rat der sol si fuoren.
si senent sich nach sinem gewalte,   so ist diu gebe behalten.

217 Do gesamenent sich danne   zwa getriwe genannen.
daz ist spiritus intellectus,   daz heizet unser vernunst.   V. 123ra
wie wol si sich fuogent,   ob si diu werlt niene truobet.
unser wille si fuoret,   da si der wistuom ruoret.
swer des gesmeket,   diu suoze ist unerẹchet.
unser wille uns daz ervert,   ob im ez diu sunde niene wert,
daz er gevahet den list,   waz diu oberiste guote ist.
vil suoze si sich underminnent,   daz chumet von liehteme sinne.

218 So hat uns diu huht behalten   ein teil von sinem gewalte.
da muozen wir horen,   da nemach niemen den anderen verrer geleren.
swer so nach gote chumet,   der hat sich dar gefrumet.   G. 20vb   Di. 279
chumet er anderes dare,   so netuot iz niemen deheinen ware.

215, 1 er ist G.   2 gehorsam G.   3 chumet *zweimal* V.   5 bærmede G.

216, 1 gehugde G.   der der gebe V.   der gab G.   3 geruchet G.   5 gabe G.

217, 2 daz unser heizet uernunst V.   daz wir heizzen v. G.   3 fůgent : trůbet V. niht trubent G., trůbe(n)t Di.   4 unser V.   6 êrwert G.   ob íz di s. vns niht erwert. G.   8 minnet V.

218, 1 *keine Initiale* V., G.   hat div gehugde vns beh. G.   2 Daz G.   3 sich reht dar G.   gefrůmet V.   4 so tůt sín niem̄ dehaím war. G.

219 So bringet uns diu vernunst zuo daz heizet meditacio.
diu leret denne, daz wir got erchennen.
so beginnen wir in minnen mit liehteme sinne;
so haben wir daz lutere gewizede, daz ist daz reine herze.

220 So chumet sapientia, die bringet temperantia.
so sin wir iusticia, heilich werden wir sa.
so haben wir mandunge, die nemach gezellen dehein zunge.
diu git uns longanimitas, so richeset an uns pax.
so haben wir fride gewunnen, so sin wir der forhte entrunnen.

221 So sten wir vil hohe, so mege wir got phlegen,
ob diu erste tugent von unserem herzen niene chumet.
daz ist spiritus timoris, des megen wir sin gewis,
sweme si entwichet, der tiuvel in beslichet.
daz wirt der hohiste val in daz tieffiste tal.
also gevalte diu hochvart den engel, daz er wære ein hellewart.
er warf den mennisken zware sehste halp tusent jare
von dem oberisten liehte, er brahte in ze niehte,
unze uns got getroste, von der vinstere er unsich loste
in voller siner gnaden, nu sprechen wir: amen.

219, 1 *keine Initiale, aber Großbuchstabe* V. eínz daz G. 2 lêrt vns G. erchenne V. 4 di luttern gewízzen G.

220, 1 *keine Initiale, aber Großbuchstabe* V. chumt vns G. 2 so si wir V. 3 daz sínemag G. 4 rihsent G.

221, 1 *keine Initiale, aber Großbuchstabe* V. Vil hoh wir danne gestên. G. meg V., muge G., meg⟨en⟩ Di. flehen G. 2 níht enchumt G. 4/5 tiuvel *bis* der *fehlt* V. 5 wal V. tiefe G. 6 gevalt G. daz er wart. daz er wære ein hellewarte. V., *verb. von* Di. daz eín tível erwart. G. 7 Eín warfe G. 8 liht G. 9 do er vns von der vínste lôste. AM̄ G. *Z.* 10 *fehlt* G.

DER ANTICHRIST

1 In dem jungisten zite so nahet uns des Antechristes riche. G. 21ra Di. 280
so besizet ⟨er⟩ diu erde, da nesol niht ane werden.
vil michel wirt diu not, daz vihe lit allez tot.
diu harmscare get uber al, des liutes wirt ein groz val. V. 123rb

2 So stent uf al geliche mit gestrite diu riche.
nehein lant ist so chleine, man nemuoze in denne teilen.
marche unde bistuom, grascefte unde herzochtuom
daz teilet man chleine, iz niezent zwene oder dri vur einen.
mit grimme unde mit sere, so stet iz darnach iemer mere.

3 So hore wir danne banne uber banne,
wir horen alle stunde vermainsamunge.
des wirt daz riche allez vol, so vliehent die guoten ze walde in diu steinhol.
so nemach iu niemen gesagen die not, diu ist in den tagen.

4 So hevet iuwer houbet unde iuwer hende, so nahet uns diu ware urstende.
so sul wir alle unseren herren vil innechlichen flegen,
daz wir in dem wige niht verlazen an dem ewigen libe.

5 So sint die vil salich, die denne sint umbarich,
daz sagete uns got hie, du er mit dem criuce ze der martir gie. Di. 281
swer denne niene ziuhet chint, wie salich die mit gote sint!
si behuotent ir chiuske unde ir magetuom, des habent si ewichlichen ruom.
den hat er al geliche gebrievet siniu riche G. 21rb
ze den chunichlichen eren, si sint gemahelen des oberisten herren.

1, 1 *fette Initiale auch* G. ANder G. nâhent Ki. so wírt d^{s} ant^{s}ixix̄ ríhsen G. 2 ⟨er⟩ *fehlt* V.: besíthet dív G. 4 harmescare (!) V., harnschar G. eín vil grozz^{s} G.

2, 1 *keine Initiale, aber Großbuchstabe* V. uf (!) V. alle G. mit strît G. 2 chleín G. man mvzze iz danne G., iz Di. 3 hertzen tûm G. 4 iz niezent *fehlt hier* G. eíne G. 5 Daz niezzent mit G.

3, 1 *keine Innitiale, aber Großbuchstabe* V. horte V. b. vn vber b. G. 3 Des w^{s}-dent dív r. elliv v. G. gûten índi hol G.

4, 1 *keine Initiale, aber Großbuchstabe* V. hebt ůf íwer G. under V. nahent vns di vrstende G. 2 so so *(das zweite durchgestrichen)* V. alle *fehlt* G. 3 iht v^{s}zagen G.

5, 1 *keine Initiale, aber Großbuchstabe* V. umbarich V. : vbrig G. 2 saget V., sagt G. 3 niht en zívchet G. sælig si híntze got G. 4 Di behaltent írn magetům. G. frûm G. 5 allen G. 6 chunchlihen V. des *zweimal* V. gemahel vnsers h. G.

6 So nist niht getriwe diu frouwe der diuwe
noch der man dem wibe, si leident al mit nide.
so hazzet si in danne, sam tuot der herre dem manne,
alse ist der man dem herren, swie guot im si daz lehen.
so rihsenot diu irrecheit, so truret elliu diu cristenheit.
vil michel not unde leit lidet denne diu cristenheit.
von serigem muote dorrent die guoten.
bedruchet wirt diu menige, so chumet uns ingegene
der von Dane geborn ist, der ist genennet Antchrist.

7 So wirt uns gesendet an dem jungisten ende
Elyas unde Enoch, die gewarnen doch,
e daz der zit ane ge, daz uns der wuotrich beste.
vil grimmech wirt diu not, si ligent beide von ime tot.

8 So getan gesturme ist michel reht, so des tieveles chneht
mit gewalte vure gat, hi, wie vaste er uns bestat
mit manegen sinen listen, die aller wirsisten! V. 123va
arme unde riche er muot si alle geliche.
er entlibet in niht, der guoten gestet vil chume iht. G. 21va Di. 282

9 So heizet er verbieten unde heizet si mieten,
daz niemen geloube uberlut noch tougen
an der magde sun Sancte Mariun.

10 So beginnet er zeichenon, si wanent er si gotesun.
aver diu zeichen, diu er tuot, diu nesint niemen guot.
er nekuchet niht den toten, ouch nemachet er niht den stein ze brote,
daz wazer niht ze dem wine, daz verhilt er die sine.
mit gewalte er si toubet, unze si an in geloubent.

6, 1 *keine Initiale* V., *aber fette Initiale* G. do nist V.: So ist danne niht trîwe. G. 2 leident Ki.: ledent V. : lebnt G. : leben Ho., Di. alle G. 3 den manne V. 3/4 So hazzet der vater den sun. also mûz er hín wider tûn. Sam tût der herre dem man. also ist der man dem h^e^ren gram. Swi gût ím sî daz lebn. er wold íz vmb den tot gebn. G. 5 rihsent G. trwrigt G. cristeneheit V. 6 cristeneheit V. 7 Vor G. vone serigen V. 8 Gedrucchet G. 9 danne *de Boor, dagegen* Ki. genennet d^s^ a. G.

7, 1 *keine Initiale, aber Großbuchstabe* V., *fette Initiale* G. An dem iung(i)sten ende. so wirt uns gesendet. V., G. 2 warnent vns îdoch G. 3 der *fehlt* V. : diu G. (*in* V. *stets masc.*).

8, 1 *keine Initiale, aber Großbuchstabe* V. stûrm G. danne so G. cheneht V. 2 her fûr G. hie V. : eya G. : hiâ *oder* hei Di. *Anm.* 4 ir mûte V. 5 entlihet G.

9, 1 *keine Initiale, aber Großbuchstabe* V. 3 A. d. m. s. sande Marîen. der alles wandels vrîen. G. MARIEN V.

10, 1 *keine Initiale, aber Großbuchstabe* V. zeichen tûn G. 2 tut : gût V. 3 di tôten G. 4 zewîne G. die (!) V.

11 Er rihsenot, daz ist war, rehte vierdehalp jar
in allen den enden, da got gie bredigende.
vil michel wirt sin gewalt, siniu wizze werden manichvalt. G. 21vb
er heizet si stechen, mit chrouwelen zebrechen.
der vil ungehiure, der bratet si in dem fiure.
fur diu tier er si leget, mit den besemen er si slehet.
mit hunger tuot er in vil not, in diu wazzer er si senchet.
owi, wie veste si sint, daz liden al diu goteschint.

12 So ers denne aller minniste wanet, der tot im nahet.
sin ubermuot in vellet, der tot in bechrellet.
so nist denne niht mere niwan durnahtigiu becherde.

11, 1 *keine Initiale, aber Großbuchstabe* V. richesont V. : rihsent G. : richsenet Di. : rîchet Ki. reht en vollen v. G. 2 alen V. predigen G. 3 gewat V. werdent V. 4 stechet V. mít den chrewln G. 5 unge heiûre V. bî dem G. *Z.* 6 *fehlt* G. fûr V. 8 lident allez gotes G.

12, 1 *keine Initiale, aber Großbuchstabe* V., *fette Initiale* G. So er sîn danne m. w. G. ím zv n. G. 2 *so* G., Lgth., Pi., Ki. : *statt dessen in* V.: siner ubermût ! uellet der tot ! 3 niwar V.

DAS JÜNGSTE GERICHT

1 Nu sol ich rede errechen vil vorhtlichen G. 22ra Di. 283
von dem jungisten tage, als ich vernomen habe,
unde von der ewigen corone, die got gibet ze lone
swelhe wole gestriten an dem jungisten zite.

2 Finfzehen zeichen gescehent, so die wisten jehent.
wir nevernamen nie niht mere von so bitterme sere.
so bibenet allez daz der ist, so nahet uns der heilige Crist

3 An dem ersten tage so hebet sich diu ungehabe,
so wirt daz zeichen da ze stunt: diu wazer smiegent sich an den grun
vierzech clafter iz in get, einen tach iz also gestet.

4 An dem anderen tage, daz sule wir iu sagen,
so get iz aver wider uz, vil hohe leinet iz sich wider uf.
so biginnet iz bellen mit michelen wellen,
daz iz alle die horent, die den sin dare cherent.
uber elliu diu riche, so stet iz vorhtlichen. V. 123vb

5 An dem driten tage, alse ich vernomen habe,
so wider fliuzet ob der erde daz wazer al ze berge.
wider get im der stram, daz sihet wip unde man.
so truret allez daz der ist, wande daz urteile nahen ist. Di. 284

6 An dem vierden tage so hevet sich diu chlage,
so hevet sich von grunde viske unde allez merwunder. G. 22rb
ob dem mere si vehtent, vil lute si brahtent.
so wirt des luzel rat swaz flozen unde grat hat.

1, 1 N *fette Initiale auch* G. ich reht errecchen G. rechen V. vil *fehlt* G. vorhtl. sprechen G. 4 swelehe V. Den di wol gestrîtent. G. in den G. ziten V., G.: zite Ki. *unter Verweis auf Antichr.* 1,1.

2, 1 F *fette Initiale auch* G. als d. wîsen G. 2 W. habn v^s^nom̄ nie mere. G. bitterlîchem G. 3 Iz bidwet G., bibet Di. bibent allez da der V. daz dar G.

3, 1 *keine Initiale, aber Großbuchstabe* V., *fette Initiale* (*nach* Pi., *nicht* Ho.) G. *so* G., Ki.: An d. e. t.! also ich vernomen habe! so hevet sich diu chlage V.; Pi. *str.* also ich vern. habe 2 z. sazestunt G.

4, 1 *keine Initiale, aber Großbuchstabe* V., *fette Initiale* (*nach* Pi., *nicht* Ho.) G. sul V. 2 get abr íz G. *das zweite* wider *str.* Ki. hůf V. : vf G. 3 mít michelem wallen. G.

5, 1 *keine Initiale, aber Großbuchstabe* V., *fette Initiale* (*nach* Pi., *nicht* Ho.) G. ich iz v. G. 2 So fl. G. slůzet V. als ze G. 3 So wider G., Di. 4 uerteile (*das erste* e *ist z. T. ausradiert*) V.

6, 1 *keine Initiale, aber Großbuchstabe* V., *fette Initiale* (*nach* Pi., *nicht* Ho.) G. 2 von dem G. viske unde *fehlt* G. 4 luzet V. flozze G.

7 An dem vinften tage so wirt ein mere chlage.
so hevet sich daz gevugele, daz e flouch under himele
ufen daz gevilde, iz si zam oder wilde.
si wuofent unde weinent mit michelem gescreie.
si bizzent unde chrouwent, ein ander si houwent.
des tages harte zergat, swaz vettech unde chla hat.

8 So chumet vil rehte mit sere tach der sehste.
der himel sich verwandelot, er wirt tunchel unde rot.
an dem manen unde an dem sunnen siht man michel wunder.
der tach wirt alse vorhtlich, in die erde bergen si sich.

9 An dem sibenten tage so wirt der luft al enwage.
so vihtet an daz trum die winde an daz firmamentum,
diu wazer dar widere diezint under dem himele. Di. 285
[an dem manen unde an dem sunnen sihet man michel wunder.]
so horet man diche doner unde bliche.
so grimmet sich ze ware der arme suntare,
deme sin gewizzede daz saget, daz er gotes hulde niene habet.

10 An dem ahtoden tage so wirt diu erde elliu enwage. G. 22va
an der stunde si erweget sich von grunde.
so nemach niwiht des gestan, des uf der erde sol gan.
so truret wip unde man, si nemach getrosten nieman.

11 An dem niunten tage, alse ich vernomen habe, V. 124ra
brestent die steine, daz gescihet vor dem urteile.

7, 1 *keine Initiale, aber Großbuchstabe* V., *fette Initiale* (*nach* Pi., *nicht* Ho.) G. uinfen V. wirt grozzer ch. G. 2 ge-|uůgele V. 3 Vf d. G. 5 an eín a. G. ho-|uhent V.

8, 1 *keine Initiale, aber Großbuchstabe* V., *fette Initiale* (*nach* Pi., *nicht* Ho.) G. ch-|ůmet V. chum mit rehte. mít sere der sehste. (*ohne* tach) G. *Reimtrennung in* V. *nach* sere, *so auch* Pi.; *von* Di. *verb.; „vielleicht* ... sehte" Ki. 2 h. wirt v. G. unde G., Ki. : *fehlt* V. 3 den m. V., dem mane G. and$_s$ sunne G. da siht G. 4 v^s-bergent G.

9, 1 *keine Initiale, aber Großbuchstabe* V., *fette Initiale* (*nach* Pi., *nicht* Ho.) G. alle G. 2 trům V. diev uien-|de V. wínd vñ daz G. 3 diezint Ki. : diu sint V. : di da sint G. 4 (= *Vs.* 8, 3!) andem andem m. *(das zweite durchgestrichen)* V. ander s. G. 5 vil dicche G. 6 So ernímit G. crimmet V. 7 gewizzen G. er *fehlt* V. niht habt G.

10, 1 *keine Initiale, aber Großbuchstabe* V., *fette Initiale* (*nach* Pi., *nicht* Ho.) G. ahtem G. 2 derselben st. G. si Ki. : so V. : *fehlt* G. abgrunde G. 3 niuht V. bestan G. solde G.

11, 1 *keine Initiale, aber Großbuchstabe* V., *fette Initiale* (*nach* Pi., *nicht* Ho.) G. niuten V. ich iz v. G.

si chlibent sich envieren,   so zeiget iz allez sciere,
daz vurhtet wip unde man   unde swer sich iht versten chan.

12 An dem zehenten tage,   vil luzel sul wir daz chlagen,
so zevallent die burge,   die durch ruom geworht wurden.
berge unde veste   daz muoz allez zebresten.
so ist got ze ware   ein rehter ebenære.

13 An dem einleften tage,   des sul wir unsich wol gehaben,
so zerget vil sciere,   da diu werlt mit ist gezieret,
golt unde silber   unde ander manech wunder, Di. 286
nusken unde bouge,   daz gesmide der frouwen,
goltvaz unde silbervaz,   chelche unde chirchscaz.
so muoz daz allez zergan,   daz von listen ist getan.
nu wizet, daz iz war ist,   iz zerget unde wirt ein valewisk.

14 An dem zwelften tage   so hilfet uns daz vihe chlagen.
so diu tier gent uz dem walde   wider daz vihe uf dem velde,
vil lute si rerent,   so si zesamene cherent
mit luteme gescreie   ingegen dem urteile. G. 22vb

15 An dem drizehenten tage   so nemach sich niemen wol gehaben.
so tuont sich diu greber uf,   diu gebaine machent sich dar uz
alle gemeine   ingegen dem urteile.
iz ist allen den forhtlich,   die gewizzen sint der sunden ane sich.

16 An dem vierzehenten tage   so wirt diu biterste chlage.
so gent diu liute alle uz,   ir nebestet neheinez in deme hus.

11, 2/3 So zerbrestent di staíne. grozz vñ chleíne. Daz geschiht vor dem vrteíl. si chliebent sich en vier tail. (3b *fehlt*) G. enuiereu V. 4 erfurhtet G. *das zweite* unde *fehlt* G. 4b *so* Ki. : d^{s} sich iht G. : sich *fehlt* V.

12, 1 *keine Initiale, aber Großbuchstabe* V., *fette Initiale* (*nach* Pi., *nicht* Ho.) G. 2 geworeht V. : gebowem G. 4 eb-|eneare V., ebenære Di. *Anm.*

13, 1 *keine Initiale, aber Großbuchstabe* V., *fette Initiale* (*nach* Pi., *nicht* Ho.) G. so sule wir vns G. 2 werld ist mit G. 3 vñ maniger slahte w. G. 4 Nusche G. *Z.* 5 *fehlt* G. 6 mûz allez daz G. zergen V. *Z.* 7 *fehlt* G.

14, 1 *keine Initiale, aber Großbuchstabe* V., *fette Initiale* (*nach* Pi., *nicht* Ho.) G. 2 So gêt daz vîhe vf dem velde daz tier ^{o}z dem walde. G. wider *fehlt auch* V.; *erg. von* Ki. *unter Verweis auf die nächste Zeile* 3 lǒte G. 4 ingengen V., gegen G.

15, 1 *keine Initiale, aber Großbuchstabe* V., *fette Initiale* (*nach* Pi., *nicht* Ho.) G. dritzentem V. 2 ûf V. ûz V., hervͦz G. 3 geín G. 4 Daz ist G. di gwízzen habnt d^{s} sunde an s. G.

16, 1 *keine Initiale, aber Großbuchstabe* V., *fette Initiale* (*nach* Pi., *nicht* Ho.) G. viercehten V., viertzehende G. 2b so bestêt niemen í. G. nehenez V.

si wuofent unde weinent mit luteme gescreige.
in dem selben dinge so zergent in die sinne.
so nemach nieman gesagen die not, diu ist in den tagen,
uber swen got des verhenget, daz sich sin leben dar gelenget.

17 So chumet der vinfzehente tach, so nahet uns der gotes slach. Di. 287
so sculn alle die ersterben, die der ie geborn wurden,
alle gemeine vor dem urteile. V. 124rb
so hevent sich vier winde in allen den enden.
ein fiur sich enbrennet, daz dise werlt verendet.
daz liuteret iz allez, so brinnet stein unde holze,
wazzer unde huhele, die der sint under dem himele.
so chumt der jungiste tach also sciere so ein braslach.

18 So chomen von Christe die vier evangeliste.
daz gebeine si chukent, die toten si wekent. G. 23ra
so samenent sich mit eren lip unde sele.
daz ist vil wunnechlich, die guoten sint dem sunnen gelich.
die engel vuorent scone daz criuce unde die corone
vor Christe an daz tagedinch, daz werdent sorgichlichiu dinch.

19 So chumet Christ der riche vil gewaltichlichen,
der e tougen in die werlt quam: da sihet in wip unde man.
im ist sin scare vil breit, wa er die versmacheit leit
von sinen vianden, da wil er iz anden.

20 So chumet got in den luften in siner magencrefte.
so rihtet er rehte dem herren unde dem chnehte,
der frouwen unde der diuwe: so ist ze spate diu riuwe,
die wir haben solden, ob wir genesen wolden.

16, 3 lůteme V. mít michelem g. G. 4 Inden selben díngen. G. ime die V. 5 mag ev n. G. neman V. di da ist G. 6 des got v. G. lenget G.

17, 1 *keine Initiale, aber Großbuchstabe* V., *fette Initiale (nach* Pi., *nicht* Ho.*)* G. chůmet V. nahent G. 2 ersterben die *fehlt* V. di da geborn werdent G. 5b v[s]swendet G. 6 lůteret V. 7 huhele G., Ki. : bhuhele (h *nach* b *radiert*) V. dida sínt G. 8 als sch. s. eín brâ ze der andern slahē mach. G.; a. sch. so ein brâzelnder dunreslac Ho. *(S. 361b); dagegen* H., *der vorschlägt:* a. sch. ein brâ d'andern slahen mac.

18, 1 *keine Initiale, aber Großbuchstabe* V., *fette Initiale* (*nach* Pi., *nicht* Ho.) G. 2 gebeín sich chucchet G. wechent V. 3 samet G. mit *fehlt* G. unde (!) V. 4 der sunne G. 5 D *Großbuchstabe* V., *keine fette Initiale* G. sone V. 6 tægdinc V., so reichilic-|hiu V. : sorgechlichev G., Ki.

19, 1 *keine Initiale, aber Großbuchstabe* V., *fette Initiale* (*nach* Pi., *nicht* Ho.) G. der *fehlt* V. 3 wa er Ki.: wander V. : wand er hie die smahait l. G. 4 daz wil er dann a. G.

20, 1 *keine Initiale, aber Großbuchstabe* V. got *fehlt* V. lůften V. 2 *so* G., Ki.: er rihtet dem her-|ren! unde dem chnehte V.

so werdent die vil harte geret,   die hie von der werlt cherent.
die sizent da ineben gote   in der scare der zwelfpoten.   Di. 288
wande si durch gotes minne   verchurn werltliche wunne.
die sint alle geheiligot,   die wirseren sint erteilot.

21 So wirdet der vil guot rat,   die die werlt gezogenlichen hant,
die gotes nie vergazen,   do si ze wirtscefte sazen.
doch wil ich iu sagen da bi,   wie der leben sol getan sin.

22 Si sulen got minnen   von allen ir sinnen,   G. 23rb
von allem ir herzen,   in allen ir werchen.
si sulen warheit phlegen,   ir almuosen wol geben,
mit mazen ir gewant tragen,   mit chiuske ir e haben,
bescirmen die weisen,   die gevangen losen.
si sulen den vianden vergeben,   gerihtes ane miete phlegen,
den armen tuon gnade,   die ellenden phahen.
si sulen ze chirchen gerne gen,   bihte unde buoze besten.

23 Swer niht vasten nemege,   der sol sin almuosen geben.   V. 124va
nemege er des niht gewinnen,   sinen besemen sol er bringen,
damite er sich reine,   der ist aller saligiste, der sine sunde weinet.

24 Swer daz mit triwen begat,   des wirt da vil guot rat.
ze dem sprichet der gotesun: „var ze miner zeswen!
venite benedicti,   mines vater riche ist iu gerihtet."

20, 5 di von der werlde sint gechêret G.   welt V.   7 wertliche V. : zer gænchlich w. G.   8 di vbelen sínt verteilet. G.

21, 1 *keine Initiale, aber Großbuchstabe* V.   gezogen hat G.   2 Daz si gotes niht v. G.   so si zew. G.

22, 1 *keine Initiale, aber Großbuchstabe* V.   2b *so* G., Ki.: von allen ir wechen V.   3 suln der G.   phelegen V.   4 mazze G.   5 bescrmet V.   7 enphahen G.   8 gerne *zweimal* V.

23, 1 *keine Initiale* V., G.   v. mege G.   3 damit V.   reínige G.   beweínet G.   *nach* weinet *ist* Swerdet der uil gut rat *durchgestrichen* V.

24, 1 *keine Initiale, aber Großbuchstabe* V.   2 sprchet V.   vart er zv̊ G.   gotesun: zeswun Bay.

25 Da sceidet sich diu helewe von dem chorne, daz gescihet an dem jungisten [zorne,
diu guoten ze der zesewen, daz sint die genesenen, Di. 289
di ubelen ze der winstern, si werdent al gewindet
an dem vrone tenne, dar denche, swer so welle.

26 So sprichet got mit grimme ze sinen widerwinnen.
er zeiget in sine wunden an den vuozen unde an den henden.
vil harte si bluotent, si nemegen da niht widere gebieten. G. 23va
von sineme rehte sprichet er in zuo: „mines willen newolt ir niht tuon.
ir hetet min vergezzen, ir negabet mir trinchen noch ezzen,
selede noch gewate, ubel waren iuwere getate.
dem tievele dienotet ir mit flize, mit im habet diu ewigen wize."

27 Da ist der tievel von helle mit manegeme sinem gesellen,
so vahet er die armen, vil luzel si im erbarment,
mit chetenen unde mit seilen, er bintet si algemeine.
er fuoret si mit grimme zuo anderen sinen gesinden
in den ewigen tot, ane twale lident si iemer not.
mit peche unde mit swebele da dwinget si furder des tieveles ubele.

28 Da nehilfet golt noch scaz, e bedahten wir iz baz!
da ist viur unde swebel, wir sturben gerne unde muozen leben.
durst unde hunger, aller slahte wunder, Di. 290
frost unde siechtuom get uns alle tage zuo.
fiurin gebende dwinget uns die hende,
machet uns die vuoze harte unsuoze.
mit viurvarwen seilen bindet man si beide.
man scenchet uns den win, des wir gerne ubere mohten sín,
ezzich unde gallen sam si viures wallen.

25, 1a *und* 1b *sind gegen* V., G. *vertauscht* sceidet sich (!) V. von dem chorne *fehlt* V. da schaidet man daz ome von dem chorne G. „*Das ... fehlende Pronomen* (er) *ist aus 229* (der gotesun) *zu ergänzen*" Ki. 2/3 zesewen *bis* ze der *fehlt* V. genesen G. 3 di w. alle G. 4 dar an gedenche swer der welle. G.; dar(an) Di.

26, 1 *keine Initiale, aber Großbuchstabe* V. 2 an f. vñ an h. G. 3 dar wider niht g. G. 4 er *fehlt* V. en woldet G. 5 mír wed[s] tr. G. 7 dienote V.: dînet G. : dienôt < dienôtet Ki. ǒc̣h di e. w. G.

27, 1 D *fette Initiale* (*nach* Pi., *nicht* Ho.) *auch* G. von d[s] h. G. 3 bíndet er sí alle gemeín G. 4 anderem sînem gesinde G. 5 den tot V. tuwale V. 6 sív d's t. G.

28, 1 D *fette Initiale* (*nach* Pi., *nicht* Ho.) *auch* G. 2 gêrn wir mûzzen G. 3 vñ aller G. 6 Man m. G. 7 uiur warwen V. 8 gerner G. 9b bî dem fiwer erwallen. G.

ezzen haizen si uns geben, daz ist pech unde swebel. G. 23vb
vil groz wirt unser smerze, die wurme ezzent uns daz herze.
daz ist uns gewizzenheit, diu tuot uns also michel leit.

29 So der tievel danne gevert, vile wol unser dinch vert. V. 124vb
so scinet uns scone diu edele persone.
sich zaiget got mit minnen allen sinen chinden.
so sint die arbeite fure, so singe wir zwire
alleluja, daz frosanch, wir sagen got gnade unde danch,
wir loben gotes ere mit libe unde mit sele. G. 24ra

30 Do vahet ane, daz ist war, Jubileus, daz guote wunnejar.
so beginne wir minnen di inren sinne,
vernunst unde ratio, diu edele meditatio.
da mit erchenne wir Crist, daz er iz allez ist.
so habe wir vil michel wunne, so si wir siben stunde sconer denne der sunne.
zuo der selben scone so gibet uns got ze lone
eine vil statige jugende unde manige herliche tugende. Di. 291
wir suln starche werden: wolten wir di berge
zebrechen alse daz glas, zeware sag ich iu daz,
die craft habent da diu gotes chint, die hie mit flize guot sint.

31 Do habe wir daz ewige lieht, neheines siechtuomes nieht.
da isc diu veste winescaft, diu milteste trutscaft,
diu chunechlich ere, die haben wir iemer merc.
daz unsagelich lone in dem himeliscen trone
habent die gotes erben, die danach wolten werben.
emphliehe wir hie die sunde, wir sin da sneller denne die winde.

28, 10 haizeu V. gebent V. 11 semeze V. e. vnser hertze G. 12 vnser g. G. *Nach dieser Strophe folgen in G. die Verse:* Si stechent vns zedem nabele. mit eisnînen gabelen. Ir angesiht tůt vns vil wê. gůt wær vns mohte wir zergên. Durch smæh geluste. stechent sí vns an di bruste. Eínen wrͦm haizzet aspis. des sult ir sin vil gewis. Der ander basiliscus. der gilt vnrehtez hůs. Div wír ofte taten. do wir sín stat heten. Aítter daz grune. des git er vns genuge. Er spiet ez índen munt. er tůt vns alt sunde chunt. Die wir nĩht chlagten. den bĩhtern di wir haten. Daz gesvn der vbeln geiste. daz ist witze aller meist. Vil michel weínen mít allen nôten. ettwenne sehent si di toten. In abrahames parme. daz habnt si ze harme. (*Diese Verse* 291–314 *tilgt auch* Ki.)

29, 1 *keine Initiale, aber Großbuchstabe* V., *fette Initiale* G. dane V. dannẽ vert G. wie wol G. dich V. dínch da vert G.; dinch stet Ki. 2 Da sch. G. 3 mínne G. 4 arbe-|it fůre V. 5 daz *fehlt* G. 5b *fehlt* V.

30, 1 So G., Ki. 2 wir *bis* sinne *fehlt* V. 3 diu (!) V. 4 daz er V.: der G. 5 wir michel G. so si *fehlt* G. wír sîn sibnstunt G. đi s. G. 7 Eín stætív íungnt. vñ vil m. h. t. G. 8 sulen V. suln so st. G.

31, 1 So G.: Dâ Ki. dehein sichtum ist da niht. G. 2 winescapht V., wunneschaft G. miltest trutscapht V. 3 chunechlic V. iemermer V. 4 lon V. Daz êwichlich lône. G. 4b *fehlt* V. 5 wellent G. werfen V. 6 emphiliehe V.: Fliehe G.

32 So vernemet alle da bi: da sit ir edele unde fri,
da nedwinget iuch sunde noch leit, daz ist diu ganze friheit.
da ergezet uns got sciere aller der sere,
die wir manege stunden liten in ellende. G. 24rb

33 Da ist daz ewige leben, daz ist uns alzoges gegeben,
Crist, unser hertuom, unser vernunst unde unser wistuom.
der ist gecheret an in, vil edele ist unser sin.
unser herze unde unseriu ougen sehent die gotes tougen.
vil zierlich wirt daz selbe lieht, iz newirt zerganclich nieht. Di. 292

34 Daz habent allez diu gotes chint, diu hie diemuote sint,
die ir scephare lobent unde hie ir vianden vergebent.
die versmahent hie nidene, swie so si da ze himele V. 125ra
mit gote geren ze habene, da ist vil guot ze lebene.
da wirt ir geloube ain warheit, ir gedinge mit habenne ein sicherheit,
ir minne vil innechliche, si sint der engel geliche.
daz habent si ane ende: nu weset vil wol gesunde
in der selben ruowe, dar muozet ir chomen. Amen.

35 Dizze buoch dihtote zweier chinde muoter.
diu sageten ir disen sin, michel mandunge was under in.
der muoter waren diu chint liep, der eine von der werlt sciet.
nu bitte ich iuch gemeine, michel unde chleine,
swer dize buoch lese, daz er siner sele gnaden wunskende wese.
umbe den einen, der noch lebet unde er in den arbeiten strebet,
dem wunsket gnaden und der muoter, daz ist AVA.

32, 1 So: Nu V., G. N *fette Initiale auch* G. ir *fehlt* V. 2 dane ned. V. Da twínget evch wed^{s} s. G. da ist div rehte v. G. 3 aller vnserr sere. G. 4 stunde G. ín disem e. G.

33, 2 unser hertuom *fehlt* V. 5 uil girlich V. wirt ir lîht G. *nach* iz newirt *ist* daz selbe *durchgestrichen* V. zera-|nclich V., zergænchlîch G.

34, 1 Daz allez habnt G. demůtig G. 2 Di hie ir G. vñ ir veínden hie v. G. 3 Di v^{s}smæht sínt hie n. G. 4 zelebenne V. 5 i. g. eín habnde sich^{s}hait. G. 6a *fehlt* V. 6 der Ki. : den V., G. gelich V. 7 an V., G. weset (!) V. 8 In di selben rwe G. rawe V.

35 *Die Strophe fehlt* G. 1 D *große Initiale* V. 3 scieht V. 6 ,,unde dem einen ... unde in ..?“ Ki. 7 under můter V.

www.ingramcontent.com/pod-product-compliance
Lightning Source LLC
Chambersburg PA
CBHW070546310726
48982CB00004B/852

* 9 7 8 3 1 1 0 9 8 2 4 8 0 *